U0745177

爱润花开

—— 中小学生心理健康教育指导手册

张馨 著

山东教育出版社

图书在版编目（CIP）数据

爱润花开：中小学生心理健康教育指导手册/张馨著．—济
南：山东教育出版社，2021.7
ISBN 978-7-5701-1789-5

Ⅰ．①爱…　Ⅱ．①张…　Ⅲ．①心理健康-健康教育-中小学-
教学参考资料　Ⅳ．① G444

中国版本图书馆CIP数据核字（2021）第147914号

AI RUN HUA KAI

爱润花开

张馨　著

主管单位：山东出版传媒股份有限公司
出版发行：山东教育出版社
　　　　　　地址：济南市市中区二环南路2066号4区1号　　邮编：250003
　　　　　　电话：（0531）82092660　　网址：www.sjs.com.cn
印　　刷：济南升辉海德印业有限公司
版　　次：2021年7月第1版
印　　次：2021年7月第1次印刷
开　　本：710毫米×1000毫米　1/16
印　　张：15.75
字　　数：230千
定　　价：49.00元

（如印装质量有问题，请与印刷厂联系调换）印厂电话：0531-88912109

作者简介

　　张馨，原名张桂花，心理健康教育硕士，实战派心理专家，国家二级心理咨询师，山东省首条24小时心理热线执行长与总督导，济南心理健康教育研究会执行会长，山东省新时代青少年健康教育研究院院长。专职从事心理健康教育研究和实战心理咨询二十多年，一对一心理咨询个案两万多例，帮助三千多名因心理问题而辍学的学生重返校园，挽救一千多名心理危机者的生命，应邀进行心理讲座两千余场。荣获"济南市优秀科技工作者""济南市十佳领航心理咨询师""山东金牌心理咨询师"等荣誉称号。

序一

少年强则国强，未成年人是国家的未来、民族的希望，未成年人的心理健康，关系到千家万户的幸福，关系到社会的和谐发展。做好未成年人心理健康教育，是促进青少年思想道德建设的重点工作，也是践行社会主义核心价值观的内在要求。习近平总书记指出："要加大心理健康问题基础性研究，做好心理健康知识和心理疾病科普工作，规范发展心理治疗、心理咨询等心理健康服务。"这为新形势下做好未成年人心理健康工作指明了方向。

未成年人处在身心发展的重要时期，由于他们的人生观、价值观、世界观尚未形成，情绪管控能力较差等，他们在社会竞争压力和外界不良信息的冲击下，不可避免地会产生各种心理困惑或不良行为问题，甚至出现自残、自杀、违法犯罪现象等。因此，未成年人心理健康的发展，需要全社会的共同关注。

山东省新时代青少年健康教育研究院院长、济南心理健康教育研究会执行会长张馨，二十年前身为一名一线教师，她发现有些学生出现考试焦虑、厌学、辍学、青春期逆反等心理问题，有些家长因不懂得如何科学教子而影响孩子的成长，而解决这些问题仅凭思想教育无法根除时，她为了探究预防与根治学生心理问题的科学方法，毅然走向心理学的学习与深造之路。她师从国内多位著名心理学家，边学心理学理论与咨询技术，边从事心理咨询实战，从心理热线志愿者做起，不断在实践中探索和总结经验。她根据教育学、心理学、脑科学等学科理论，并结合所学近 30 种心理咨询技术，博采众长，在实践中进行有效整合，逐渐研究出了一套实用、高效的心理咨询技术。为了未成年人的心理健康成长，她全身心地扑在了心理健康教育理论的完善与心理咨询实战技能的提高上，情有独钟，一干就是二十年。

初识张馨是在七年前，经过我最佩服的贤师——原聊城师范学院院长、原烟台师范学院院长、心理学博士生导师刘大文教授引荐认识的。张馨对心理科学的执着和热爱，不仅深深地打动了这位著名心理学家的心，也打动了我的心。从此，我开始关注和了解张馨，从她自筹资金举办"山东省首条 24 小时公益心理热线""学生心理专线"到"中高考学生心理讲座"进校园、"心理健康科普大讲堂"进企事业单位，再到举办"山东省学习心理论坛"等公益活动，到处都有张馨忙碌的身影。她在心理学研究方面的成果和心理咨询技术上的成效，得到了许多学校领导、老师、家长及社会人士的广泛认可与好评。

《爱润花开》是张馨二十年来专职进行心理研究与咨询实践的学术成果。她以中小学生成长过程中出现的学习心理、人际交往、适应问题、情绪障碍、不良行为、个性发展、自我意识、青春期性心理、心理应激与危机干预等九大类心理问题为主线，从自己心理辅导的近两万份案例中精心甄选出三十三个案例。从书中所列举的三十三个心理问题的解决过程中，可以看出张馨是在用爱心、同理心、耐心、信心和娴熟的专业技术，使深受心理问题困扰的中小学生醍醐灌顶，在如沐春风般点拨的过程中，逐步打开了封闭的"心门"，拨云见日，重燃希望之火，奔向更美好的明天。

《爱润花开》，通俗易懂，多视角审视中小学生常出现的心理问题，发现现象背后的深层原因，找到解决学生心理问题的新思路与方法。可以说，该书是广大教育工作者和家长对中小学生进行心理健康教育的实操手册。

爱润花开，赋能未来。祝愿每个中小学生都能在阳光雨露般爱心的滋润下，茁壮成长！

山东省教育科学研究院院长

山东省教育学会会长

2021 年 2 月 3 日

序二

有从事心理咨询与治疗的学者曾痛心疾首地指出：二十世纪八九十年代，我国公民每百人中平均不到一人患有精神障碍，而到了 2015 年，这一数字竟令人恐怖地攀升为每百人就有 17.5 人患有精神障碍。可以肯定的是，在当下后疫情时代，这一比率只会上升不会下降。因器质性精神障碍的发病率不可能在较短的时间内有很大的起伏波动，可以想见，神经症、心境障碍发病率的直线上升肯定是这一比率飙升的罪魁祸首。抑郁症、强迫症、焦虑症、恐惧症、神经衰弱等国人三四十年前不明就里的非精神病性功能性障碍，现在已成为社会热词且几乎成为洪水猛兽了，这也正是国家卫生健康委办公厅 2020 年 9 月 11 日发布《探索抑郁症防治特色服务工作方案》的初衷所在，方案要求：各类体检中心在体检项目中纳入情绪状态评估，供体检人员选用。有关数据统计，当前我国 17 岁以下的青少年中，约 3000 万受到各种情绪障碍和行为问题困扰，因抑郁症自杀的人数高达 20 多万，且呈现逐年上升的趋势，抑郁症年轻化已经是一个不争的事实。

未成年人是祖国的未来、民族的希望，未成年人身心健康发展是国家未来经济社会繁荣稳定的前提和基石。然而，一个毋庸讳言的残酷事实是：

未成年人的成长发展不可能一帆风顺，更不可能一蹴而就。在急功近利的"鸡娃"父母的精心"呵护"下，在"城镇考试机器"撕心裂肺的喧嚣轰鸣中，在"低欲望时代"亮相的"凡尔赛文学"着力渲染熏陶的氛围里，"啃老族""巨婴症""空心病""佛系青年"等争先恐后地登场。未成年人任性、说谎、追星、早恋、偏激、孤独、抑郁、焦虑、自卑、厌学等心理问题与行为愈演愈烈，甚至会出现违法乱纪、校园欺凌、自残自杀等令人揪心、痛心的恶性事件，凡此种种，严重地损伤着家庭幸福并危害社会的和谐稳定。

摆在诸位面前的这本《爱润花开》，是济南心理健康教育研究会执行会长张馨女士的呕心沥血之作。基于未成年人心理发展规律以及教育学、脑科学等学科原理，张馨女士以学习心理、人际交往、适应问题、情绪障碍、不良行为、个性发展、自我意识、青春期性心理、心理应激与危机干预等九个方面为切入点和主线，对自己心理辅导与治疗的近两万份案例，予以精挑细选、条分缕析，用通俗易懂的语言讲述典型的案例，藉醍醐灌顶的技术手段化解孩子们的心理顽疾，以春风化雨般的慈母话语普及心理健康知识。

作为张馨女士的老相识和同道中人，我深知此书面世之不易。她所学、所从事的专业一开始并非心理健康教育，只是缘于对未成年人健康成长的关切，才驱使和鞭策着她义无反顾地走上了这一条艰辛且漫长的爱润花开之路；作为一线的心理咨询与治疗的实操者，谋篇布局、舞文弄墨、遣词造句、起承转合、旁征博引、妙笔生花、引人入胜定非其所长，但我相信有心的读者从本书的字里行间一定会读出她的苦心、爱心、耐心、热心与同理心。也正是源于为张馨女士的执着、坚守、奉献、知难而进的精神所感动，本书的初稿我竟然一字一句地读了三天（正逢放寒假，有整块的时间，当然，能连续这么长时间读一本书现已成奢望之举），自然不是为其文采、理论与情节所吸引，而是洋溢于其间的浓郁的爱意、素朴的情怀令我欲罢不能。

张馨女士嘱我作序，却之不恭、暂言如是。

中国心理学会理事兼康复心理学专业委员会主任

山东心理学会理事长

高峰强

2021 年 2 月 4 日

目 录

第一章

学习心理问题

　　中小学生的主要任务是学习。在他们的学习过程中，往往由于家庭心理教育不当或者缺失，导致他们学习动机不当、学习习惯不良等，会出现写作业磨蹭拖拉、边学边玩、学习马虎、学习分心、学习低效、偏科、厌学、焦虑等问题。如果家长或老师对以上问题不重视，处理不当，或处理不及时，上述问题就容易发展成为学习心理障碍。

　　有调查显示，厌学是在校学生的主要心理问题，考试焦虑和抑郁也是常见的心理问题，每年中高考期间，考试焦虑高发。学习心理问题，一旦发展成为学习心理障碍，会对未成年人的身心发展造成一定的伤害。为了中小学生身心健康成长，我们必须高度重视他们的学习心理健康教育。

　　下面通过真实的案例，针对不同的学习心理问题，分析学习心理问题的产生原因、发展规律并提出解决与预防方案等。

01 学习低效

案例故事 ➤

高二女生小林（化名），全班出了名的刻苦勤奋，每天第一个起床，最后一个入眠，但学习成绩总是平平。小林对自己的评价是"三个一"，即"一学就会，一听就懂，一考就砸"。就要上高三了，小林对自己能否考入理想学校十分担忧。

{问题分析与疏导}

在咨询前，我征求了小林的意见：整个咨询过程，是否愿意让家长在场？

小林让妈妈先到休息室喝茶。

下面是我和小林的对话摘要：

"小林，你平时是怎样学习的，能如实简述一下吗？"

"我从小学到初中，学习认真，刻苦勤奋，能按时独立完成老师布置的各种作业，学习成绩一直是班级前三名。但是上高中后，最近一次考试成绩比高一入校时下降了 30 名。我差不多是全班早晨第一个起床，晚上最后一个睡觉的人；中午我也是悄悄地学上半个小时才睡觉；晚上熄灯后，我还去洗手间学习 40 分钟左右；周末，我几乎把所有的时间都用在了学习上。就这样，自己的学习却陷入了当前境地，而且愈发感到自己是黔驴技穷了。"

小林说着，眼泪在眼眶里直打转。

我安慰她："你学习确实很勤奋刻苦，同时你也很自律。"

此时，小林的眼泪像断了线的珍珠顺着脸颊往下滚落。

过了一会儿，小林情绪稳定后，疑惑地问我："老师，我真不明白，我用同样的学习方法，在小学和初中，学习成绩能名列前茅，为什么到了高中，却很难保持一路领先？我观察我们班学习成绩好的同学，他们除了正常上课、写作业、做练习之外，并没有像我这样用功。他们有的喜欢体育运动，常在操场上跑步或打球，有的还参加了学校举办的各种社团活动。但是他们的成绩却一直名列前茅。我常想，我特别笨，越大越笨，脑子反应慢！"

"噢，现在你的各科学习成绩是多少？"

"满分是 150 分的科目，语文能考 100 分左右，数学能考 90 分左右，英语能考 90~100 分；满分是 100 分的理化考 60 分左右。"

"考试后，你归纳反思过没有？"

"我常常反思，但是没有明显进步。"

"请你仔细思考这几个问题：第一，你答错过的题目，是否在以后的考试中还继续失分；第二，你失分的题，在试卷的哪部分；第三，你是否有过考前会做、考中不会做、一出考场就会做的题；第四，是否在考试前出现过失眠现象；第五，是否在考试过程中出现过心跳加速、心慌、紧张、手心出汗、大脑空白等现象。"

小林边记录边思考，然后总结回答："第一，我答错过的题目，在以后的考试中，有一半以上的题目还会继续失分；第二，我失分的题多数是试卷第一、二大题的最后一道小题，倒数第二道大题的最后一问与最后一道大题的后两问；第三，自高二第二学期以来，常有考前会做而考中不会做，一出考场就会做的题目；第四，在高二下学期期末考试时，考前出现过失眠现象；第五，自从高一学习成绩下降后，在考试前和考试过程中都会出现心跳加速、手心出汗的现象，高二期末数学考试时，我心慌了好长时间才平静下来做题。"

"我从你各科得分情况及第一、第二个问题综合来看，你所掌握的知识，多数呈碎片化状态，理解不够深刻，缺乏系统性，你仍然停留在做一题会一题的阶段，而不是做一题会一类，所以还未达到举一反三、触类旁通的地步。因此，你才会有'一学就会，一听就懂，一考就砸'的情况发生，还有一错再错的情况出现。"

"嗯，我是这样的，我真是这样的。"小林点头说道。

"从第三、第四、第五个问题来看，你产生学习焦虑情绪了，而且随着高考的临近，你的考试焦虑情绪也越来越严重。你学习越勤奋、用功，就越期望学习成绩提升。如果能如愿以偿，则心满意足，继续前进；如果考试成绩下降，就会情绪进一步低落，心理压力再次增大，焦虑值升高，当焦虑值升高到一定程度时，你就会出现失眠、考试紧张的情况，甚至出现考场上心跳加速、手心出汗、大脑空白等现象。"

"老师，我的心情就像过山车。做题顺利，考试成绩提升，心情就舒畅，感觉这样才能对得起我妈；如果考砸了，成绩下降了，我就觉得无脸再见妈妈了。所以，我要拼命学。但是我就像老牛拉破车，学习效率越来越低，我陷入了恶性循环的怪圈。"小林自责地说。

针对小林当前的学习情况，我和小林经过进一步深入交流后，总结出如下对策：

第一，调整学习心态，保持良好心境。保持轻松、愉悦、稳定的学习心境，降低焦虑情绪，提高学习效率。首先，在学习前和学习过程中，要将自己的心态调整到平静，或者是微微愉悦的状态；其次，无论是遇到难以克服的困难，还是考试成绩不理想，仍需调整好自己的心态，保持内心平静、微微兴奋的积极状态，遇到难题或者考试失利要发自内心地产生庆幸之心：这些难题和失分点正好暴露出自己没有觉察到的知识盲点，感恩遇见，太好啦，我要奋起直追，查缺补漏。否则，任何生气、自责、情绪低落、放大困难等心理或行为，都会令人滋生恐惧感，当焦虑水平升高到一定程度时，脑神经就会处于抑制状态，反而不利于学习、记忆和考试的发挥。

第二，优化学习方法，提高学习效率。要增加有效学习时间，学习成绩与有效学习时间成正比。因此，一定要采用科学记忆法，如机械记忆与意义识记相结合、思维导图法、多种感官并用等；利用好早晨起床后和晚上睡觉前的黄金时间段，复习和记忆较难的知识；文理学科交叉进行学习；要脑力劳动与体力劳动相结合。总之，科学用脑，张弛有度，优化学习方法，提高学习效率。

第三，调整学习策略，提高学习成绩。首先，把所学知识及时进行归类与总结，使之条理化、系统化；其次，要把习题真正学会，要回归课本，吃透相关知识点，并深入理解与领会，真正做到举一反三、触类旁通；最后，要善于总结与积累等。

第四，商定成长目标，扬帆起航。商定短期目标是暑假先放松心情，调整心态，每天坚持至少30分钟的跑步或游泳等，或者安排一次短期旅游；中期目标是提高学习效率，逐步调整学习状态，在学习过程中优化学习方法；长期目标是考上自己理想中的南开大学。从短期目标做起。

在第二周的同一时间，小林母女俩如约而至。这次咨询，小林愿意让妈妈在场。

我看到小林母女俩的状态比上次轻松了许多，便笑着问她们："你俩今天看起来容光焕发啊，谁能向我说一下是怎么调整的呢？"

小林说："那天离开您这儿后，我一直在想，这几年来，尤其是初三至今，我满脑子想的都是要争气，做一个品学兼优的学生。我几乎把除了吃饭、睡觉的时间全部都用在了学习上，并把自己从小就喜欢的游泳、打羽毛球、跑步等活动，全都列在了我的禁止目录里，没有想到事与愿违，欲速则不达呀!"

她冲我和她妈妈笑了笑,又接着说:"听您上次说,当紧张、焦虑到一定程度时,神经会处于抑制状态,我就回想自己在被窝里、厕所里、午睡时偷偷学习的情景,真是太对了。那种情况下我记住的知识很少,甚至什么也记不住,还总安慰自己'功到自然成',我真的是把学习时间长与学习成绩好画等号了,是为了得到踏实的感觉,结果使自己身心处于高度紧张与疲惫状态。我现在想明白了,当天下午就让妈妈陪我去游泳了。那久违的感觉特别舒爽!游了一个小时后就回家学习了,轻松地做完了一份数学考卷,不但提前一刻钟做完,而且得分是 103 分。我的数学测试成绩好久没有超过 100 分了。我太佩服您了。"

我也开心地笑着说:"你能重新找回那久违的感觉,真好!那后来呢?"

她说:"后来我们俩吃完饭,晚上也不那么热了,就去公园跑步了。跑了一个小时后,回到家吃了些水果,冲完澡,就开始做练习。当晚又做了一份数学考卷,成绩是 106 分。第二天早晨学英语,感觉效果也很好。这几天,我仍然沿用在学校的作息制度,早晨五点半起床,洗漱完就开始学英语或者背诵其他知识点,学习两个小时左右,再去楼下的花园跑步 30 分钟左右,然后回来吃早饭。上午和下午按照计划复习。不同的是,我每学习两个小时,就下楼运动半个小时左右,中午午休一个小时。这六天下来,我感觉神清气爽,学习效率也较高。但是,我的数学成绩怎么也超不过 120 分,离我的目标还有一定的差距,这怎么突破呀?"小林和她妈妈都用期待的眼神看着我。

我静静地和她们相视一笑,故意说:"你是'笨鸟一族',能得 110 多分就行啦。"

"不!不!那是我无奈的自我安慰,我现在觉醒了,我还能得分更高,肯定能!张老师,请您彻底解开我低效学习之谜吧!"小林的小脸蛋涨得通红通红的，她迫不及待地说。

"呵呵，小林呀，我们要相信科学，要尊重身心发展的规律。我们要循序渐进，脚踏实地，一步一个脚印地前行。"

小林机灵地冲我一笑，不好意思地说："张老师，我以前确实违背了身心发展的规律。但是，得到您的点拨后，有些觉醒了，深知欲速则不达，学习需要张弛有度呀。"

"那好呀，咱们就逐一进行梳理吧。"

"第一，解决'一学就会，一听就懂，一考就砸'的问题。首先分析一下你的'会'与'懂'。你平时学习新知识时，是一边听一边详细地记笔记呢？还是认真地听，但有疑问时及时发问呢？"

"我是一边听课，一边详细地记笔记，恐怕漏掉了主要的内容。"

"嗯，一边听课，一边详细地记笔记这种听课方式，从精力分配上讲，绝大部分精力都用在了记笔记上，用在对老师所讲内容深入思考上的精力会少些；从学习方式上看，这种学习方式以被动性学习为主；从识记效果上看，主动性学习比被动性学习的思维深刻性强，更有利于对所学内容的理解与掌握。还有，当你背诵知识点时，你是一开始就尝试着去背，还是先理解，弄明白它们的相关意义后再背呢？"

"看到知识点就快速去背。"

"看到知识点就去背诵，若长期这样，在背诵过程中容易感到枯燥乏味，由于无法理解其意义而产生种种困惑，会导致学习低效，学习兴趣下降。"

"是呀，很多时候我已经背诵了一段时间了，可还是不知所云，内心十分挫败。"

"这是学习的第一层次——识记。被动、机械地学习，是一种低效的学习方式。"

"对于你所说的'一学就会，一听就懂，一考就砸'，你是在听课时知晓了知识点，只能是做一题会一题，还不能做到做一题会一类，无法达到触类旁通。所以在日常学习中，你会产生'一学就会，一听就懂'的感觉，得到'一考就砸'的结果。"

"老师，我是这样的。每次考试前，我总是用大量的时间不停地刷题，弄得我精疲力竭、心力交瘁，甚至因担心自己刷题不够而寝食难安；考试成绩出来后，又会因自己有不会做的题而自责不已，深感挫败。每一次考试，就像炼狱一般。"小林身体前倾，双手攥拳，大拇指不停地在食指上摩擦，眼泪在眼眶里打着转。

"这是学习的第二层次——理解。成绩在中游的学生多处于这一阶段，学习相当勤奋，但成绩平平。"我安慰小林。

"你是否发现班里有这类学生：在课堂上，他们总是紧跟着老师讲课的思路认真听课，并且能够及时地把自己的困惑当堂向老师提出来；在课下，他们也不是那么用功，该玩就玩，而且还乐于参加各种兴趣小组等。他们的进步是非常明显的，而且成绩也稳居上游。"

小林迫不及待地说："老师，我们的'学优股'就是这样。"

"噢，'学优股'这名字起得好。"

"同学们私下把班里的同学分为'学神''学优股''学勤族''学苦派'四类，没有褒贬和讽刺意义，只是自己对号入座。这四类不是一成不变的，比如我就是初中和小学阶段的'学神'，高中慢慢由'学优股'滑向'学勤族'。若再不调整，就会变成'学苦派'了。"

"那就按你说的，分析一下'学优股'吧。他们如果遇到难题，能深入去想，敢于发问，提问本身就是深入思考的过程，思考的本质就是对所学的知识再挖掘，能够温故而知新。善于思考的表现之一就是在课堂上敢于提问。这是学习的第三层次——思考。"

小林加大了身体前倾的角度，目不转睛地看着我，身体离我越来越近了。

我喝了口水，还没把水咽下去，小林就迫不及待地问我："那'学神'呢？"

"'学神'不但养成了提出问题的习惯，而且善于探索，能独立探寻问题解决之道，具有真正的学习能力。这是学习的第四层次——探求。'学神'们可能天赋异禀，可能智商特别高，更重要的是养成了善于思考的习惯，并努力探索问题解决之道。其实，有很多顿悟或灵感，包括创造性，都是在识记、理解、质疑、思索与探究问题的过程中得出来的。'学神'们都具有以上完整的学习层次，并能根据所学内容的异同，找到一套适合自己的高效的学习方法。因此，他们学习的综合实力就会越来越强。"

小林双手环扣，放在胸间，兴奋地说："老师，老师，学习的第三层次和第四层次正是我所欠缺的，尤其是第四层次。小学和初中知识量小，老师讲得精细，我的学习成绩还可以，而到了高中，学科增多，课堂上知识量大，所以我的学习成绩不断下降，原来是我低效的学习方法在作怪呀。"

小林一口气说完这些，深深地吸了一口气，同时她挺直上身，双手交叉用力举过头顶，使劲伸展了好一会儿。此刻，她就像是一株被久压在石头缝里的小幼苗，经过了一场大雨的洗礼，终于冲破了压在身上的小石块，顿感浑身舒展，于是神清气爽，心旷神怡！

｛咨询效果｝

小林连续咨询了4次，高考前又咨询了2次。小林的学习成绩经过高三一年的调整，逐步由班级的第36名上升到班级前5名，并渐渐从心灵深处摆脱了"我是笨鸟"的自我认知。最后，小林以643分的高考成绩如愿以偿考上了南开大学。

方法对，事半功倍；方法不对，事倍功半。学习上也是如此。

一、初中学习成绩较好的学生到高中后成绩下滑的原因

（一）沉迷过去，难自拔

普通高中学生多数是通过考试择优选拔而来的，尤其是知名高中的学生。但进入高中后，原先的"班干部""学霸"等光环可能一下子黯淡下去了，只能成为一名普通的学生，这种角色转变导致部分学生心理失衡，让他们陷入迷恋过去、难以自拔的境地。于是，部分学生无法接受现实，开始怀疑自己的能力，产生厌学情绪。心理教育缺失的学生会出现退缩、逃避行为，甚至辍学回家。

（二）授课方式，不适应

高中阶段授课方式，注重培养学生自主意识和自学能力，训练学生积极主动、独立、创造性的高层次思维，启发学生对问题进行纵深思考。而初中阶段注重传授基础知识和训练基本技能，对教学活动控制度较高，培养学生浅层次的思维和能力。同时，有的学生对高中教师的教学风格和个性特点也难以在短时间内适应。

（三）内容增多，受挫败

高中阶段不但学习科目增多，而且学习内容广度拓宽、深度增强、角度多维。因而对学生的学习能力提出了更高的要求：第一，不但要对学习内容进行深层探究，还要延伸相关内容来拓宽知识视野；第二，不仅要具有抽象概括能力，还要注重系统性、多维度思维习惯的养成等。如果学生固守原来的学习方法，就可能因遭受不同程度的挫败而出现各种心理问题。

（四）自理能力，遭挑战

有的初中生被父母过度照顾，衣来伸手，饭来张口，自理能力较差。高中一般实行寄宿制，吃饭要排队，衣服自己洗，开水自己打，内务自己整，日常用品自己买。这些生活琐事会使一些学生感到心有余而力不足，如果没有迎难而上的个性，又不会自我心理调适，也不求助于他人，就容易引起各种心理问题。

（五）人际适应，遇困难

初中生一般住在家里，高中绝大多数学生需要住校。因此，进入高中后，与同学、老师的接触与交流增加了许多，如果没有养成良好的生活习惯和个性，不知道如何与他人相处，就容易遭受同学的排挤和歧视，难以适应新的学习生活。

二、避免高一学生成绩下滑的方法

（一）调整心态，迎难而上

新入学的高中生都踌躇满志，一旦现实中的学习生活与想象中不一致，便会垂头丧气，学习热情骤减。这时，需要及时调整心态，保持积极乐观的情绪，迎难而上，愈挫愈战，愈战愈勇，同时调整学习方法，情况会渐渐好转。

（二）转变思维，升级学法

初、高中的知识结构与思维特点差别很大，学习方法必须随之改变。初中阶段侧重于形象思维，凭借死记硬背可能会取得较好成绩；高中阶段则更侧重抽象和理性思维，要求学生具有较强的分析、概括、综合、实践能力。因此，要从机械性记忆向理解性记忆过渡；从分析问题的单一性、片面性向全面性、发散性发展；从"题海战术"向注重题型的归类和解题规律的探求过渡；学会自主学习，学习模式从被动转向主动，要养成课前预习的好习惯，掌握科学学习方法，愉快学习，提高自律能力。

（三）悦纳自我，客观面对

高中生大部分是经过选拔而来的，尤其是重点高中学生，当不成"学霸"、班干部属于正常现象。要学会悦纳自我，客观面对现实，正确评价自己和别人，知不足而后勇，奋起直追，开启积极人生。

（四）实事求是，制定规划

针对自己和高中学习内容的实际情况，制定切实可行的学习目标，脚踏实地，循序渐进地学习。

（五）融入团队，提升自我

进入高中后，为尽快融入新生活，需要团结同学、助人为乐、严于律己、宽以待人，以便形成良好的人际关系，利于学习成绩的提升。同时，提醒家长在日常家庭教育中要注重孩子良好个性的培养，良好的心理素质比学习成绩对孩子的影响大得多。

02 厌 学

案例故事 ➡️

初中一年级男生拖拖（化名），十三岁。妈妈因为他的学习，被气得心脏病复发。

{问题分析与疏导}

在咨询室里，拖拖像个犯人似地耷拉着脑袋，用余光不时地看着我，他坐在我侧对面的椅子上，两只手不停地搓着。爸爸怒气冲冲地望着他。

我为了缓解"拔刀相向"的紧张气氛，安排拖拖爸爸到休息室看书去了。

爸爸出去后，拖拖立刻把咨询室的门关上，并且问我："老师，我跟您说的话，您会告诉爸爸吗？"

我认真地对拖拖说："请放心，保守来访者的秘密是每个心理咨询师的责任和义务。"边说边指给他看墙上贴的心理咨询保密原则。

拖拖看完后放松了许多，两只手也停止了搓动。还没有等我开口，他就说了起来："老师，告诉您吧，其实一开始我很喜欢写作业，不但能提前独立完成老师布置的作业，而且还能完成妈妈买的同步练习册。现在，我爸爸在另一个城市工作，周末才回来，也很少带我出去玩。我每周末上好几个辅导班，甚至比平时上学还紧张。我根本没有玩的时间，他们谁也不带我出去玩。我要求出去玩时，他们就说把学习成绩提高上去才能去玩，还说考上好高中，才能考上好大学……"

"你什么时候开始烦写作业的？"我问他。

"在小学六年级时，爸妈早就答应我暑假去威海旅游，但是小升初结束后，他们反悔了，说我没有考上好初中，怕我学习跟不上，给我报了衔接班。初一刚放暑假，妈妈就给我报了语文、数学、英语辅导班，还有从小学就开始学的绘画、小提琴、书法，另外又加了一门作文辅导，这一个暑假比在学校学习的科目还多，我累得快喘不过气来了。晚上回到家，妈妈就督促我写作业。我真的是太累了，一看到作业就心烦。我请求妈妈别再逼我了，妈妈说'现在不抓紧提升学习成绩，到中考时就来不及了，只有把学习成绩提升到前5名，才有希望升入理想高中'。我的成绩由班级第16名已经上升到第9名了，现在又让我上升到前5名，如果我的成绩真的提升到前5名，妈妈的目标又会变成第1名，还让我活吗？"说到这里，拖拖哽咽了。

过了好一会儿，他又说："我同桌经常对我讲她爸妈带她去哪里旅游，那里的风景有多好看。我好朋友也说，他们一家三口每周末都到周边景区玩一次，或者去特色饭店饱餐一顿。我都长这么大了，也就在二年级我考了一次班级第一时，爸妈才带我去北京天安门广场玩过一次。爸妈除了让我吃饭外，不是让我在学校上课，就是去辅导机构上课。我除了学习，还是学习……"

说到这里，拖拖双手攥着拳头，眼睛也闭了起来，同时还不停地喘着粗气，好像在控诉旧社会的恶霸地主欺压贫农一般，只让人干活不让人休息，真是蛮横不讲理。

大约过去了5分钟，拖拖的喘气声变得均匀了，双拳慢慢松开了，闭着的眼睛也慢慢地睁开了，拖拖把头转向我，用手纸在眼眶下胡乱抹了几下，又开始说话了。

"这个暑假，我满肚子都是气，现在也越想越生气，爸妈都把我当成了学习的机器。说实话，我没有心情好好听课，坐在教室的最后一排，是为了偷看课外书。上完课回家，妈妈又开始唠叨那些烦人的话题，吃完晚饭连电视也不让看，不停催促我进屋写作业。我烦得都捂住耳朵了，她还在说。"

"那后来呢？"我回应。

"后来，我为了躲避妈妈对我的监控，学习时会把门关上，但是妈妈不让我关门。她像猫盯老鼠一样，时时都在监视我，嫌我喝水勤、上厕所时间长，我就跟监狱里的罪犯一样，完全失去了人身自由。渐渐地，我一写作业就烦，妈妈再不停地催我，我就更烦。从那以后，我一回到家，就像戴上了紧箍咒一样，难受极了，一见到妈妈，满脑子全是'烦'，实在是一点作业也写不下去了。"

说到这里，拖拖拿起水杯，猛喝了几口水。

此时，我问："那你妈妈住院是什么原因？"

拖拖看了看我，又喝了一口水，说："那天我鼓足了勇气，和妈妈摊牌，我可以白天上课，晚上写暑假作业，但有两个条件，一是妈妈不能监督催促我；二是我要锁上门写作业。妈妈开始不同意，后来看到我不写作业了，她才答应。没有了妈妈的'打扰'，我前两天确实能写下去作业了。但是，第三天晚上，我偶然间看到我房间窗子上有个人影，我快速走近一看，原来是妈妈在偷看我。我很生气，当时就把作业撕了，扔在妈妈面前，我哭了好久。从那天开始，我再也无法静心写作业了，一到家就烦，看到妈妈更烦，我是真的一点作业也写不下去了。"

"后来妈妈答应我不再偷看我写作业了。我也原谅了妈妈。可是，我一坐到书桌前，就特别烦躁，被妈妈监视的一幕不停地在我脑海里闪现，挥之不去。我想先看会漫画书缓解一下，看漫画书后，心情好多了，但还是无法静心写作业。有一天晚上，我发现书房的门锁坏了，锁不上了。中午锁还好好的，怎么晚上就坏了呢，越想越觉得奇怪。反正学不进去，我索性又从暖气片下拿出漫画书看了起来。不一会儿，妈妈悄悄地进来了，不但看见了我在看漫画书，而且还发现了我藏在暖气片下面的九本漫画书。她情绪激动，用书打我，突然，妈妈躺在地上不动了。我当时吓坏了，急忙拨打120送她去医院。我万分害怕，等舅舅、姥姥都来到医院后，妈妈脱离了危险，我悄悄地溜回了家。我闯下了大祸，心里既难过，又怕爸爸找我算账。我躲到一个很偏僻的网吧里，最后舅舅和他的朋友找到了我。再后来，爸爸就把我带到您这里来了。"

拖拖如释重负地向我说完了这些，然后用复杂的眼神看着我。

"是呀，谁遇上这种事都会害怕的，何况你年龄这么小。那你的真实想法是什么？"

"老师，您要替我保密。"

"嗯，请放心！"我认真地点头回应。

"这几天我想了好多，只要我在家，妈妈就不会放过我，她会时刻监督我。她一监督我，我就会不由自主地烦她，烦她催我写作业，烦她的一举一动、一言一行。总之，一看见妈妈我就浑身难受。"拖拖说这些的时候，声音压得很低，眼睛不停地往屋门口看。

"请放心，你爸爸在接待室，听不见的。"我见拖拖很担心的样子，安慰他说。

"其实，我知道妈妈都是为我好，给我洗衣做饭，照顾我等。可是，我确实十分烦我妈妈，我实在控制不住自己，我也无法在家写作业。姥姥、舅舅和爸爸会狠狠地教训我的。老师，我怎么变成了一个没有良心的人了？我想，我是没有办法继续上学了，我要赶快远远地离开家，到外地打工。"

"如果有一种办法，既能让你安心写作业，又能让你看到妈妈不烦，你愿意试一试吗？"

"老师，我愿意试试，愿意试试。"拖拖像看到了救星一样，眼睛有些发亮。

我给拖拖讲了这样一个故事：俄国有一位科学家叫巴甫洛夫，他做了一个闻名世界的实验。他在每次给狗食物的同时摇铃，经过很多次这种方式，狗只要一听到铃声，即使不给它食物，也会出现唾液分泌现象。这是一种大脑神经系统的条件性反应，不管它愿不愿意，只要它听到铃声就控制不住分泌唾液，就像它真看见食物一样。这就是条件反射。

拖拖瞪大双眼，身体前倾，嘴唇动了两下。

我趁机问他："你此时想到什么，或者想说什么？"

"老师，望梅止渴是这回事吗？"

"是呀，一旦人有了吃梅子的体验后，以后看到梅子时，即使他还没吃，也会控制不住流口水。"

"噢，原来是这样呀，那我不由自主烦妈妈，是否也是这个道理呀？"

"拖拖真是个喜欢动脑筋的好学生。其实，你不由自主烦妈妈，不能说明你真是个坏孩子，这主要是你的大脑神经系统已经形成了'烦妈妈'这个消极的条件性情绪反射。"

拖拖十分着急地问："那大脑已经形成了消极的条件性情绪反射，是不是我就彻底完了？"

"事实是这样的，这种条件反射也能够被解除。接着说这个实验，再后来，巴甫洛夫继续以这只狗做实验，当铃声出现时，即给狗以电击，并不给它食物，这样重复多次以后，狗再听到铃声时不但不会分泌唾液，而且会出现夹尾巴、浑身发抖、呜呜恐叫的反应。"

拖拖立即说："老师，那是不是我烦妈妈时，用电击的方法可以治好呀？"

"用电击的方法是可以的，但用其他方法也可以治好。你想想，消极的条件反射是在后天经过学习获得的，它既可以建立，同样也可以消除。"

"嗯，老师说的有道理。老师您快点把我烦妈妈、无法写作业的消极条件反射消除掉吧。"

"我们虽然无法控制环境的刺激不出现，但是我们能用科学的技术化的心理咨询方法让你在面对产生消极情绪刺激的情境时，能有意识地用积极的条件性情绪去代替消极的条件性情绪。经过多次训练后，你'烦妈妈、恨妈妈'的心理就可以消除了，但是需要你和你父母的坚持和配合，尤其是妈妈的配合才行。"

拖拖说："其实，我知道妈妈是很疼爱我的，我也不想去打工，但问题是爸妈会配合吗？"

我有把握地说："拖拖，首先你能配合，问题就解决一大半了，你爸妈的工作，我来做好吗？"

拖拖高兴地说："老师，谢谢您！您尽快给我治治吧。"

实际上，像拖拖这样产生的心理问题，在元认知心理干预技术中称为"条件性情绪反应中不适应性情绪反应"。拖拖"烦妈妈"的这种不能自控的情绪反应，一方面由于妈妈对他的指责、训斥、甚至撕作业等行为，导致拖拖产生了痛苦、愤怒等消极情绪，然后他又带着这种不良情绪继续写作业，这样不良情绪与写作业又建立起了"消极的条件性情绪反应"，经过多次反复之后，就变成了即使妈妈不再监管他写作业，他一写作业也会不由自主地被"烦躁"情绪包围，自然也写不下去作业了；另一方面，拖拖对妈妈的"烦"，由最初对妈妈催促写作业、指责写得慢与不认真、撕作业等具体的言和行的"烦"，发展到即使妈妈没有这些言行，也会对妈妈产生"烦"的情绪，甚至还会对同他妈妈有相似声音、相似身材模样的人产生"烦"。这在心理学上称为心理问题的"泛化"。

综上所述，拖拖对妈妈的烦，不只是单纯的"不适应性条件性情绪反应"，而是已经"泛化"到看到妈妈、想到妈妈就不由自主地烦，甚至一写作业就烦。

当前拖拖徘徊在十字路口：是外出打工还是留在家里？如果留在家里，如何面对妈妈？如何完成作业？当他明白我对他心理问题的分析诊断后，决定全力配合。拖拖的妈妈出院后也极力配合，她认识到是自己的教育方式不科学而导致孩子心理问题的产生。

{咨询效果}

我对拖拖的辅导前后共进行了十次，以对拖拖的疏导为主，对拖拖妈妈的疏导为辅。拖拖"烦妈妈"和"无法静心写作业"的问题已经基本解决，拖拖的妈妈对拖拖的教育方式也有了巨大的变化，亲子关系越来越融洽了。

在最后一次辅导结束时，拖拖的妈妈感激地拉着我的手，满眼含泪地说："谢谢您，张老师！是您救了我和儿子，改变了我们母子的命运。"说完，母子俩手拉手站在我面前，深深地鞠了三个躬，轻松地离开了我的咨询室。

我望着他们母子远去的背影，心情异常轻松，放眼望去，看到远处山东大学校园里的一排排苍翠挺拔的白杨和青松，但愿拖拖也能像它们一样长成参天大树。

抛砖引玉

"不谈学习母慈子孝，一谈学习鸡飞狗跳。"这确实是部分家长在督促孩子学习时的真实写照。

家长在教养孩子的过程中，培养孩子良好的学习习惯最重要。家长要学习心理教育相关知识，掌握孩子心理发展规律与特点，注重孩子的学习心理卫生保健。这样，当孩子出现磨蹭、厌学、学习低效、考试焦虑等问题时，家长不至于失去耐心，只采用说教，甚至用打骂等方式，使孩子产生厌学、考试焦虑等学习心理障碍，导致孩子出现辍学、离家出走等不良行为，甚至引发校园欺凌、自残、自杀等事件。

心理科普 ➡

一、中小学生学习心理障碍的发展过程和危害

学生学习心理障碍，一般在初期会表现为学习马虎、学习无意识性分心、学习低效、考试焦虑等问题；而后便会出现"想学习学不进去"等症状；若不及时调整，就会出现厌学、逃学、辍学等现象，甚至出现精神分裂等心理障碍，从而导致心理危机事件发生。

学习心理障碍发展到一定程度，会出现相应的身心症状：不明原因地发低烧，临近考试拉肚子、头疼、胃痛、口舌起泡、嗓子发炎，或者在考试时出现心慌、心跳加速、手心出汗、视力模糊、大脑空白等现象。

二、避免中小学生产生学习心理障碍的方法

第一，从小学阶段起，对全体学生进行学习心理健康科普宣传。

第二，对老师、家长进行系统的学习心理健康知识普及、学习心理障碍干预技能的培训。

第三，一旦发现学生出现学习心理障碍，应及时正确调整与干预。

第四，家长在培养孩子的过程中，一定要注重非智力因素的培养，比如勇敢、坚强、乐观、知难而进等；还要注重人生观、价值观、世界观教育；对孩子进行有理想目标、有榜样楷模、有广泛的兴趣爱好的"三有"教育，爱自己、爱他人、爱世间万事万物的"三爱"教育等。

03 辍 学

案例故事 ➤

　　袁小军（化名），高三男生。个性倔强。曾一度是班里的尖子生，但刚进入高三，袁小军便产生了严重的学习心理障碍，辍学两个月了。

{心理问题分析与疏导}

　　袁小军谈起他学习心理障碍产生的原因，他这样说："我高一入学成绩是级部第三名，没想到进入高中后倍感力不从心。高一第一次期中考试，我的成绩就下降到本班第六名。自小学到初中学习成绩一直名列前茅的我，顿感无法接受。我在面对与调整的过程中，感到成绩排名靠前的同学对我的蔑视。他们从我身边走过时，要么故意干咳一下，要么走路动作故意'拽'几下，尤其是排名第二的小王同学，他总是向我女朋友'瞟'几眼。有一次，在去食堂的路上，他故意碰了我女朋友一下，我没有忍住，就教训了他一顿。没想到，我出手太重了，把他打得鼻青脸肿。结果，我被学校处以'回家反省一周''留校察看，以观后效'的处分。"

　　"一周后，我回到了学校。但是一看到他，我就忍不住怒火。我总是不由自主观察他和我女朋友，看他们是否在说话或用眼神交流，并且我每天给女朋友写一封'警示信'。就这样，到了期末考试，我的成绩排名全班倒数第九。我女朋友的学习成绩也下降了。"

　　"高一第二学期开学后，我女朋友偷偷转学了。我彻底崩溃了，于是我收拾东西回家，不上学了。后来，我饭吃不下，觉睡不着，我爸妈感觉情况不妙，多方打听后，打听到我女朋友转到外地学校借读，问我是否愿意同去。"

"有了一丝希望，我同意去外地找她。我爸爸把我转到了女朋友所在的学校，但我们没有在同一个班级。在那里，我的学习成绩提升了不少。但到高二第二学期时，她又被她爸妈转到了其他学校。我又一次不知所措了，后来就不去学校上课了。我爸妈知道真相后，就劝我回家，可我不想回家。后来我舅舅连哄带骗，把我带回家。我在家看啥也不顺眼，把家里所有能砸的东西都砸了，然后开始绝食。"

"我爸妈悄悄找到我女朋友家长，请求帮忙。在一个周末的上午，我和女朋友通话了，女朋友提出等高考结束，我们都拿到约定的 XXX 大学录取通知书后再见面的要求。她也答应继续做我的女朋友，但条件是：第一，不要设法再找她，即便找到，她也绝不会理我；第二，我必须回校，好好上课；第三，我要提高思想境界，团结同学，尤其要和成绩较好的同学好好相处，虚心向他们学习，放下自己的偏见。"

"在我的记忆里，从小到大，我想要的东西，还没有得不到的。我俩从小学五年级相处至今，我一直喜欢她，愿意为她改变。我冷静思考了三天，答应了她，并让我爸妈联系原来的学校去上课。可是，当我想专心致志地学习时，怎么也找不回以前专心学习的状态了，我总是胡思乱想，想学却学不进去。"

听完袁小军的介绍，我告诉他："想学却学不进去，这是一种学习心理障碍。但是，只要你配合，学习心理障碍就能消除。但是在这个过程中，也许会遇到各种困难，你能否坚持到底？请你想清楚后，告诉我。"

袁小军认真想了一会儿，坚定地告诉我："我连命都赌上了，还有什么能让我退缩的吗？坚持到底！"

"太好了。那咱们需要追根溯源，这样方能找到解决问题的方法，从而有利于消除心理障碍。但有时会刺痛你的心，那时你会退缩吗？"

"我不退缩！请您放心。我坚信，能坚持到底就能成功！"

"很好，坚持就是胜利！那咱们用实际行动说话吧！自小学到初中，你学习成绩一直名列前茅，请你想一想，你当时学习的心情如何？"

"开心、快乐，总盼望老师提问我，总盼望着考试到来。"

"在这个过程中，你心里一般会有什么预设？"

"我回答问题正确，考试成绩好，同学们会向我投来敬佩的目光，老师与爸妈都会夸赞我。"

"嗯，那你现在在学校学习，是否还有这种美好的期盼和预期成功的期待呢？"

"在高一第一次期中考试成绩下降后，这种期盼与预期成功的学习心理也随之消失了，而且还产生了千万别提问我，回答不出来或答不对会被人耻笑的恐惧心理。考试成绩若再下降，女朋友也会瞧不起我，等等。"

"你现在处于担心、恐惧的消极心理状态，对吗？"

"我确实是这样的，尤其是见到成绩较好的同学时，我内心常有一种无形的压抑感，情绪是较低落的。"

"那你试着对比一下，两种截然不同的学习心境会对你的学习产生什么影响？"

在我的提示下，他最后的总结是："开心、预期成功的积极心态有助于学习成绩的提升；悲观、恐惧的消极心态，不仅会大大降低学习效率，而且会导致学习成绩越来越差。"

接着我和袁小军又深入细致地交流起来。

"小军，请你仔细想想，在高中以前，你和老师、同学交往时你的心情如何？"

"我是无所顾忌、开心快乐的，同学们仰视我，老师欣赏我。"

"那你进入高中后呢?"

"我感觉同学蔑视我,老师疏远我,对我关注较少,有种被老师边缘化的感觉。尤其是我受到处分后,这种感觉更加强烈。"

"以上这些情况,都严重地影响着你的学习心理状态,使你的情绪变得消极。请你再仔细想一想,在你的同学中,有没有学习成绩下降的,他们结果都如何呀?"

"学习成绩下降的同学确实有,有的同学努力一段时间成绩又上升了;有的同学成绩一直下降;有的同学成绩上升后又下降又上升,不稳定;有的同学成绩上升后稳定下来。"

"那你属于哪一种?"

"下降后稳定住,却一直没有上升。我很苦恼。"

"嗯,在你高一第一次期中考试前,这些情况你觉察到了吗?"

"我没有觉察到。那时我几乎把全部精力都用在了学习上,没注意到这些。"

"嗯,你知道'疑邻盗斧'这个成语故事吗?"

"知道。"

"在砍柴人没有找到他丢失的斧头前,看他邻居说话、办事、走路等一举一动都像是偷他斧头的样子;在他找到丢失的斧头后,再看他邻居说话、办事、走路等一举一动都不像是偷东西的样子了。你说说,这是什么原因呢?"

"这是心理原因。难道我的问题也是心理原因导致的?怪不得我女朋友说我心理不正常,说我心胸狭隘、自以为是呢。"

"那你现在怎么想呢?"

"我现在想到了班主任的一番话:'当一个人能把主要精力都用在学习上时,所有的杂念都会销声匿迹,成绩就会比较稳定或者逐步上升;当一个人心神不定、心怀杂念，无法专注在学习上时，他会胡思乱想，成绩不但不会上升，反而还会逐步下降。'当时我还以为他在诅咒我，怨恨他好久，今天您这么一分析，我才觉得他说的有道理。"

"那你女朋友说的话，你现在觉得如何？"

"也有道理。我确实是心胸太狭窄，太自我了。当时，我和小王发生冲突时，他说'我没招惹你，你为什么打我？'当时，我觉得他在说假话，现在通过女朋友和他的表现，我没有发现他们有什么不正常关系，我确实是太过分了。"

"上面这些问题可以说明什么？"

"说明一个人一旦心胸狭窄、自以为是、心理承受力较差，会害人害己呀。"

"嗯，针对这些问题你打算如何做呢？"

"高中这两年，我也觉得自己不像话，给爸妈添了不少麻烦。看到原来那些成绩比我差的同学都超过了我，我后悔了。我打算面对现实，当坏脾气发作时，先控制自己，多想想发脾气的危害。"

"嗯，这是个不错的方法，你还可以进行换位思考，用积极心理暗示等方法来控制自己的不良情绪，贵在你坚持并落实在行动上。现在，请你仔细考虑，你以前学习成绩一直名列前茅，是因为你学习效率高，还是因为你学习勤奋，还是二者都有？"

"其实，我学习并不勤奋。通常上课时都能听懂，课下能独立完成作业，考前突击一下，基本都能考好。"

"那你在高中继续用这种方式学习，它为什么失灵了呢？"

"我去外地借读后才明白，学习成绩稳居前列的同学都有自己的独特妙招。可惜我当时自以为是，本应反思退步的原因，虚心请教，取人之长，补己之短，结果心胸狭窄，仇视比我强的同学；另外，学习不勤奋，课前不预习，课后不及时复习，还像以前一样等着临时突击，高中老师讲课速度快，知识量大，靠临时'抱佛脚'就不行了。"

"噢，你的思考很棒。你已经清楚认识到阻碍你学习成绩提升的绊脚石是学习方法不当、自以为是等。"

"老师，我以前怎么没有觉察呢?"

"条件不成熟吧。第一，自以为是，只找外因，造成用力方向不对，南辕北辙;第二，改变愿望不够强烈，无法静心反省自身，静生智，定生慧呀。总之，陷入消极单向思维的怪圈里了。"

"嗯，自以为是的思维蒙蔽了我的双眼，使我迷失了前进的方向呀!"

"你领悟力很强。你曾经觉得成绩好的同学蔑视你，故意干咳，瞟你女朋友等等，你现在怎么看?"

"是我心胸狭窄，焦虑敏感导致的。"

"很难得的感受啊，感谢你的真诚。"

他笑了笑，看着我，深深地吸了几口气。

"领悟到问题所在，就打通了心灵的'栓塞'，不过这只是第一步。"

"那下一步该怎样做呢?"他迫不及待地问。

"针对你的现状，学习方法升级是关键。"

"学习方法升级?我太需要了。"

经过三次咨询，讨论梳理了几十个回合后，袁小军认为自己需要做到以下几点:

第一，保持愉快的学习心情，提升学习效率。学习前，抱以预期成功的心态;学习时，调整好心态再学，如学习过程中出现走神等情况，及时进行积极的心理暗示。对考试结果，辩证看待。考好了，证明所考的知识学会了，但不代表全部知识已掌握，继续努力;考差了，证明至少所学知识有漏洞，感谢老师帮助自己找到了知识的漏洞，抓紧补漏。

第二，制定好奋斗目标，逐步实施。短期目标是上课能听进去，提高有效学习时间；中期目标是考上理想大学，和女朋友团聚，携手共进；长期目标是能在高科技实验室里做科研，研发出高科技产品，造福国家与社会。

第三，以勤制惰，夯实双基。做好课前预习、课下及时复习和阶段性系统复习。在基础知识的牢固度、基本技能的熟练度上下大功夫，做到熟能生巧，触类旁通。

第四，虚心请教，见贤思齐。取人之长，补己之短；心怀谦卑之心，及时向同学请教；定期向老师请教等。

第五，团结同学，共同进步。同学们身上都有值得学习的长处，抓住相处的机会，与他们成为成长路上风雨同舟的"战友"，好好珍惜在一起学习的机缘。

第六，拓宽视野，扩大格局。挤时间看些名人传记、国学经典，与高人为伍，请名师指路，发愤图强，不达目的不罢休。

第七，持之以恒，贵在坚持。无志者，常立志；有志者，立长志。关键在坚持，在学中练。持之以恒，方得始终。

{咨询效果}

第一次咨询后，袁小军回到了原来的班级学习，慢慢适应了学习生活；第二次咨询后，他逐步调整，努力改变；第三次咨询后，他的学习效率逐步提高；第四次咨询后，他全力以赴，渐入佳境，逐步总结出适合自己的高效学习方法，学习成绩逐步提升，高考前一模成绩进入班级前十名。

袁小军连续咨询七次，后来强化巩固咨询一次，高考前进行了两次考前心理保健咨询。一共咨询了十次。

现在的袁小军和他女朋友已经是某名牌大学的大四学生，正在积极备考研究生考试。

抛砖引玉 ➡

只要孩子能好好学习，家务免干，尽量满足孩子的各种要求，这是目前少数家长在家庭教育中存在的误区之一。孩子会利用家长这一"软肋"实现各种欲望。否则，他们就不"给家长学习"，甚至辍学、离家出走，形成以自我为中心的性格，这在极大程度上制约着孩子的健康成长。

决定一个人成就大小的，不只是智商与学习成绩，还有个性与格局等非智力因素，家长尤其要注重从小对孩子进行良好个性品格的培养。

心理科普 ➡

一、中小学生辍学的原因

（一）学校原因

1. 教育重心偏移。个别教师为提高升学率会把主要精力放在成绩好的学生身上，"优等生"是优先考虑的对象，而那些成绩平平的学生成了教师忽视的群体，甚至还被贴上"差生"的标签。这些被伤害或忽视的学生，往往会因此滋生厌学情绪，由逃课、逃学发展成为辍学。

2. 课业负担过重。个别教师为了提升学生成绩，让学生做大量的练习题，致使学生不堪重负；有的学校延长学生自习时间，双休日、寒暑假要"悄悄地"补课，这使学生承受太大的学习压力，负担过重，从而导致厌学情绪和辍学。

3. 老师之伤。个别教师教育方法不当，不懂得以情感人、以理服人，反而是轻者以训斥、停课、写检查、告状等方法，重者以罚款、罚抄书、罚劳动、罚站墙角等方法惩罚学生，极大地伤害了学生的自尊心，学生也逐渐对自己失去信心，由逃课、逃学发展成为辍学。

（二）家庭原因

1. 父母离异。父母离婚之后，孩子的成长环境从原生家庭向单亲家庭、再婚家庭或者其他家庭、社会机构抚养转变，从亲生父母共同担负教育责任，向单亲承担教育责任或者无人承担教育责任转变。同时，父母离婚导致孩子心理遭受重创：一方面，父母离婚前家庭笼罩的"火药味"气氛给孩子造成身心伤害；另一方面，父母离婚的伤痛会使孩子无法集中精力学习，有的甚至从此一蹶不振，从而辍学等。

2. 教育观念错误。有些父母家庭教育观念错误，重视智力教育投资，轻视对孩子进行勇敢、坚强、积极向上等良好心理品质的培养，当孩子出现青春期叛逆、厌学、考试焦虑等问题时，既不懂得孩子身心发展的规律和亲子沟通技巧，也不请教专业人士，一意孤行，导致孩子学习心理问题越来越严重，最终不得不辍学。

3. 个别家庭经济困难，或者受重男轻女思想的影响，孩子辍学的情况时有发生。

（三）网络诱惑

在充分享受网络带来的方便与乐趣的同时，中小学生的身心也受到网络负面效应的影响。如痴迷网络游戏而荒废学业，深陷网恋难以自拔，崇拜"黑客"而变得法律观念淡薄、道德意识极差等，也会导致中小学生辍学。

（四）青春期特殊性

中小学生正处在自我意识形成与自我角色认同的关键时期。他们的独立意识不断增强，接受新鲜事物快，渴望在学校中得到多方面的锻炼，希望生活得丰富多彩。然而在学校时，每天要上课、做题和考试，在周末和假期家长还给孩子报各种辅导班。这种长期单调、乏味的生活会令他们倍感压抑，容易受外界不良环境的影响。

二、减少中小学生辍学的策略

（一）转变教育观念

教育者要转变教育观念，为学生松绑，把学生从"唯升学"教育的牢笼中解放出来，让他们在德智体美劳等方面得到全面发展，真正做到寓教于乐，尊重学生个性发展，有效减轻学生的心理压力和厌学情绪，使学生体会到学习的乐趣，从而在一定程度上减少中小学生辍学现象的发生。

（二）改善师生关系

老师是教学内容的直接传授者，是学生在校时的管理者，也是培养学生学习能力、激发学生学习兴趣的重要引路人。老师的言行对学生的心理活动和行为方式有着巨大的影响。老师对待学生应真正做到循循善诱、一视同仁，建立信任、亲密的师生关系。在对待学困生和出现错误行为的学生时，老师要有足够的耐心，用鼓励的方法帮助他们重塑学习的信心，给予足够的关怀，进而预防和减少学生辍学现象的发生。

（三）重视家庭教育

家长是孩子的第一任老师，是孩子成功与成才的第一责任人。家长的言传身教对孩子的一生起着关键的作用。首先，家长要有正确的家庭教育观念，注重提升自身素质，不仅需要学习中西方成功的教子经验，更需要学习中国几千年优秀的治家教子经典与心理教育科学知识。其次，家长要懂得孩子身心发展的规律与特点，掌握亲子沟通技巧，能从孩子的日常表现洞悉其心理实质。最后，注重采用科学的教育方式，使亲子沟通顺畅，要有足够的耐心与智慧感化孩子，相机而教，随时而育，使孩子的身心健康成长。

（四）提升学生抗挫力

人生之事十有八九不如意。面对逆境知难而进、愈挫愈勇、勇往直前等，这是学生需要具备的可贵心理品质。家长和老师，尤其是家长，要在日常生活中有意识地培养孩子良好的心理品质、坚强的意志力、积极的人生态度，才能促进青少年向更健康、更完善的方向发展，才能从根本上减少辍学现象的发生。

（五）特殊生源关照

教育者应该对单亲家庭的学生、留守儿童、学困生等特殊身份的学生给予特殊关照，耐心做好后进生转化工作，帮助他们解决生活上、学习上的困难，这对预防特殊生源学生辍学现象的发生能起到一定作用。

（六）向专业人士求助

当通过以上方法还不能解决学生辍学问题时，一定要及时向心理咨询师求助，通过专业心理咨询师帮助解决。越早求助，越有利于学生心理问题的解决。

04 学习动机过强

案例故事➡

　　高三女生小玉（化名），曾是优秀生的她因不能接受考试成绩的不断下降而有了自残行为。

{问题分析与疏导}

　　小玉皮肤白皙，长相俊秀，礼貌乖巧，人见人爱。通过了解得知，她是个较自负的孩子。

　　小玉告诉我：在高二第二学期期中考试前，她们班转来了一名"学霸"，本属于她的班级第一名的宝座被抢走了。她发誓一定要夺回宝座，于是暗中观察"学霸"是如何学习的，甚至偷看了那个"学霸"的听课笔记与课外复习资料等。但是，在下一次月考时，自己不但没有夺回第一名的宝座，而且还下滑到了班级第五名。于是，小玉加倍努力，她每天早上五点起床，晚上熄灯后再想方设法多学一个小时。但是再次月考时，她的成绩又下降了三个名次。于是她使出浑身解数，更加刻苦学习。即便这样，在期末考试时，她考了全班第15名。小玉难以接受，越想越痛苦，越痛苦越学不进去，产生了如下症状：

　　第一，自习课上听到同学的翻书声、咳嗽声、喘气声，感到心烦。

　　第二，课堂上遇到自己不会解答的问题，而别的同学能正确回答时，自责、烦躁。

第三，考场上，听到同学们翻卷子的声音，心慌、手心出汗、大脑空白。

第四，课间，听到同学们的说笑声，感觉他们是在谈论自己，浑身难受。

第五，晚上，在寝室里听到同学们的喘气声和打鼾声，不能入眠。

第六，经常失眠。

第七，学习时，身边不能有其他人，否则学不进去。

第八，无法适应学校生活，出现过自残行为，并想跳湖轻生。

经过分析，我告诉她："首先，从小学到高二上学期你的学习成绩一路领先，说明你有一定的学习能力；其次，你在高二下学期期中考试前的整个学习过程，被一种愉悦的情绪所包围，取得成绩也能及时得到确认和肯定，这种积极的确认和肯定又进一步增强了学习时伴随的良好情绪状态，于是心情越愉悦，成绩越好；最后，在高二下学期，班里转来的'学霸'抢走了第一名的宝座后，你的情绪处在紧张、低落状态。虽然你努力学习，要夺回宝座，但在整个学习过程中，你被紧张、压抑、焦虑的情绪笼罩着。当你的焦虑值升高到一定程度时，就会出现生理上的低能状态，学习极其低效，甚至会出现大脑空白、注意力无法集中等情况，于是陷入恶性循环（如图1所示）。尤其是在你考了全班第15名后，就出现了对周围各种声音敏感等身心症状，从而导致无法适应学习生活，休学在家。"

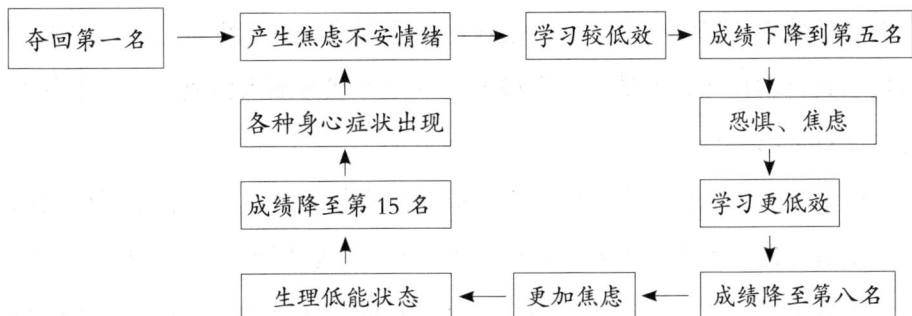

图1　消极的条件性情绪反应示意图

解决小玉学习心理问题的杠杆解是打破以上的消极单向思维循环，用适宜的积极思维代替不适宜的消极思维，使积极愉悦的情绪伴随她的学习过程。

第一，要明白取得的成绩只能代表过去，不能代表现在和未来，要想成为优秀的人要以身边的人为榜样，虚心学习，努力进步，虚怀若谷，有容乃成大器，有容才有所成。

第二，用积极的条件性情绪反应代替消极的条件性情绪反应，打破消极单向思维循环，就可以找回原来高效的学习状态。原理如下图所示：

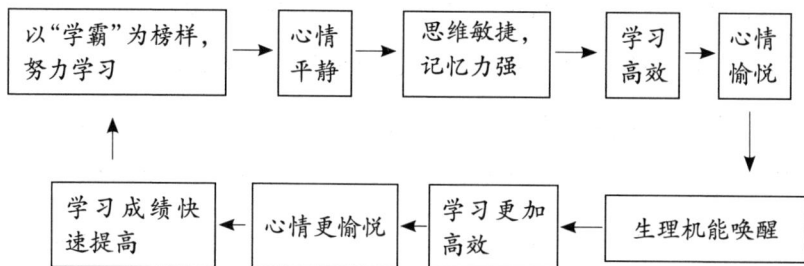

图 2　积极的条件性情绪反应示意图

当我把导致小玉当前低效学习状态的杠杆解分析透彻后，小玉心悦诚服，十分认可。

于是，我顺势对她用专业的心理咨询技术进行心理干预，消除她不适应的消极低效的思维状态，使其适应性的积极高效的思维状态运行起来，而且达到自动化运行的地步，慢慢地使其学习状态渐入佳境。小玉十分配合，这只是第一步。

在小玉的成长过程中，她的学习成绩一直较好，只因家长重视成绩而忽视了对她良好个性的培养，从而让她产生了"无法接受别人比自己优秀"的消极情绪，甚至出现用小刀划伤自己手臂的自残行为、要跳湖轻生的想法。只有通过专业的心理咨询技术，对小玉进行个性技术化优化，才能从根本上解决小玉的心理问题，让她在今后的人生路上发展得越来越好。

{咨询效果}

对小玉的辅导过程比较顺利。一方面小玉迫切想调整自己的学习状态，快速提升学习成绩；另一方面小玉父母在整个过程中密切配合。前期对小玉连续辅导了四次，她的学习状态大有好转，学习成绩逐渐提高；后期个性优化及防复发辅导又进行了三次，高考前又进行了心理辅导一次。最后，小玉被浙江大学录取了。

抛砖引玉 ➡

以学习成绩论成败，人生肯定会失败。

目前，中国的家庭教育多数重视智力教育的投资，轻视或忽略非智力因素的培养，这样的家庭教育可能会培养出急功近利的孩子。这些孩子一旦出现理想自我与现实自我的冲突，他们的心理平衡会遭到破坏从而出现自卑、妒忌、焦虑等心理问题，甚至出现自残、自杀等行为。因此，成功的家庭教育一定要注重培养孩子的自信、宽容、乐观等心理品质。这样，孩子的生命之树才能根深叶茂，硕果累累。

心理科普 ➡

中小学生常见的学习心理问题的表现

1. 学习易疲劳。有些学生学习时常常坐立不安，注意力难以集中，思维混乱，容易发困，身心处于疲惫状态，学习效率低。

2. 学习动机不当。学习动机不足和学习动机过强都是学习动机不当，都会影响学习效率。无明确的学习目标、应付式学习、为敷衍父母而学习等都是学习动机不足的表现；成就动机与奖励动机过强，学习强度过大，只许成绩上升、不许成绩下降等，这些是学习动机过强的表现，需要及时调整。

3. 学习分心。学习时注意力不集中，课堂上开小差，盯着课本却心猿意马，任何风吹草动都能引起注意力分散，或者学习时胡思乱想等。

4. 学习低效。有些学生遵守纪律，不惹事，较自律，学习态度端正，学习特别勤奋刻苦，但是学习比较低效，学习成绩迟迟不能提升。

5. 自卑心理。有些学生基础比较薄弱，知识储备少，运用知识的能力差，屡考屡败，内心产生严重挫败感，逐步放弃学习。

6. 懒惰心理。存在懒惰心理的学生占学生总数的比例偏大，他们的学习能力强，学习潜能大，但缺乏竞争意识和远大理想，需要时刻督促、鞭策。这类学生虽然较聪明，但懒于行动，懒惰心理会严重影响他们成功、成才。

7. 浮躁心理。有的学生有一定的知识储备，也有一定的运用知识的能力，但学习成绩像过山车，忽高忽低。他们学习时，自制力较差，缺乏耐心和毅力，心理稳定性和恒常性也差，缺乏忍耐性教育与训练，性格好动，注意力易分散，对事物浅尝辄止。

8. 自负心理。有的学生有明确的学习目标，强烈的学习兴趣，良好的学习习惯。但他们主观上过高估计自己，由自信发展到自负，瞧不起成绩差的同学。久而久之，他们就会目空一切，甚至连老师也不放在眼里。

9. 焦虑心理。有些学生因害怕成绩不好或害怕受到父母、老师的批评和同学的歧视，产生担心、自责、恐惧等情绪；有些学生存在考试焦虑现象，考试期间出现烦躁不安、头痛恶心、手足出汗、发抖、频频上厕所、心跳加快，甚至看不清题目、看错题目、漏答题目、大脑一片空白等，严重影响真实水平的发挥。

05　学习挫折

案例故事 ➤

　　初三女生惠子（化名），学习勤奋、成绩较好、礼貌懂事但也性格内向、寡言少语、胆小自卑，最近由于英语考试成绩下降，老师当众批评了她而不去上学。

{ 问题分析与疏导 }

　　经过了解，惠子从小跟爸妈生活在一起。惠子爸妈都是研究生学历，是单位的"顶梁柱"，平时工作较忙，在学习方面对惠子严格要求，期望很高。

　　惠子的妈妈向我介绍：惠子从小学习习惯较好，作业不用监督就能独立认真完成。老师常夸赞她学习认真，刻苦勤奋，学习成绩较好而稳定。同学们也愿意和她交朋友。但是，她常说自己不如别人优秀，老师推荐她参加某项比赛时，她也拒绝参加。假期里她宁愿一个人待在家里也不参加家庭聚会。

　　在惠子妈妈向我介绍这些时，我边听边观察惠子，只见她低头不语，双脚并拢，双膝紧靠，双手十指交叉放在大腿上。

　　我让惠子妈妈先到休息室休息，我单独和惠子交流。咨询室里只剩下我和惠子后，她更加局促不安，双手不停地相互揉搓着。

　　我接了一杯水，向惠子走过去，惠子立刻站了起来，双手接过水杯，很有礼貌地说："谢谢老师。"

我笑着说："惠子，你试试水温合适吗？"

惠子喝了一口，并说："老师，水温正好，谢谢您。"

惠子喝完水后，双手不再揉搓了。我试着和惠子交流起来。

"惠子，刚才你妈妈说你学习成绩和表现都不错，他们比较满意。你是怎样想的？"

惠子的脸蛋一下子红润了起来，羞涩地说："哼，她说我表现不错，这不真实，爸妈对我满意也不真实，况且我存在很多缺点，不如别人优秀。"

"嗯，原来是这样啊。你能具体说说吗？"

"我的学习成绩虽然一直处于班级前五名，但是我真不如班里王X聪明好学，不如李XX学习认真，不如张X卷面清晰、字体娟秀，也不如赵XX回答问题精准，等等，我身上确实存在许多缺点。"

"嗯，还有吗？"

"爸妈总是要求我参加一些家庭聚会，老师常常动员我参加一些比赛，同学们也想让我参加一些社团活动，这让我很为难，我对他们的做法很反感。"

"还有困惑吗？"

"不知怎么回事，我的英语周考成绩连续两周下降，有好几位同学已经超过了我，加上英语老师在课堂上当众批评我，我实在是无脸再回学校了。"

惠子说完这些，如释重负，深深地吸了几口长气，然后慢慢地闭上了眼睛，眼泪顺着她的脸颊流下来，滴在胸前的衣服上。

过了一会儿，她渐渐地睁开了眼睛。

我们继续交流。

"第一，你能看到别人的优点，很好，然后要学习他们的长处，使自己更优秀，这是积极向上的一方面；第二，你拿别人的优点和自己的缺点做比较是要不得的。这样做会令你有挫败感，觉得自己能力不足，心理压力增大，长此以往会磨灭你的自信，当你遇到自己能胜任的事情时，也觉得自己不行，会自卑，甚至会产生敏感、多疑、焦虑、恐惧等心理状态。"

惠子凝神静气、目不转睛地看着我。我接着说："老师动员你参加比赛，同学们让你参加社团活动，也许老师和同学们都看好你，认为你具有胜任这些活动的能力，能力不具备的同学想参加还参加不了呢。老师和同学们认可你的能力，你是该高兴还是该反感呢？"

惠子有些不好意思，但她嘴角上扬起来，小声说："如果这样想的话，肯定是高兴，可是我总觉得我能力不够，怕出丑不敢去。"

"嗯，请你再想想去参加比赛的同学，他们的学习成绩有没有不如你好的？"

"老师，您这么一提醒，我想起了上次参加作文比赛的两位同学，他们平时都没有我作文成绩好，他们参加了比赛，还获奖了呢。"

"其实，类似情况也许还有，为什么他们敢参加，你却不敢参加呢？"

"我也不知道，反正我总觉得自己不够好。"

"嗯，我现在开始播放轻音乐，请你跟随我的指引放松。你带着'认为自己不够好的感觉'去想，这种'认为自己不够好的感觉'最早是在什么情况下产生的？哪些情况下会产生？想到后就小声告诉我，不急，慢慢想。"

慢慢地，惠子的眼角湿润了。

大约过了一刻钟，惠子说："家里来了五六位客人，我一位也不认识，爸妈不停地让我和他们打招呼，这个叫叔叔，那个叫舅舅，那个叫阿姨，那个……我一看这么多人，吓坏了，想跑，他们却拦住了我，我只能怯怯地按顺序一一和他们打招呼。

在舞蹈课上，老师让全体学员上台表演我们学过的舞蹈片段。但是，我特别紧张，怕表演不好，被妈妈训斥了一顿后更加紧张了，结果展示时我摔倒了。

在书法课上，我平时练字很认真，经常得到老师的表扬。那天，培训班老师为了展示我们的成绩，让我们现场写给家长看。可是就在我快要写完时，我旁边的同学把我的墨水瓶蹭歪了，把我写好的字给毁了。

我考了总分全班第三名的成绩，回家给爸妈报喜，爸爸说你看咱们院的胡子，人家经常考第一，你要向他学习。

我终于考了总分全班第一名，回家给爸妈报喜，妈妈说你看咱们院的小张，人家考了级部第一名，你要向他学习。

我努力了一个学期后，终于拿到了级部第一，爸爸又说这所学校不是全市教学质量最好的学校，本校级部第一的含金量可能比不上全市最好学校的班级第一呢，下学期我把你转到全市最好的学校去借读。我感觉我已经使出了浑身解数，我是个无能的人，总是不能达到爸妈的要求，总是不如别人优秀。因此，我对比赛会不由自主地产生恐惧、焦虑的情绪，一到人多的场合，我感到惶恐不安，害怕因自己说话语无伦次而被人笑话，只好缄默不言或回避这些场合。"

惠子边说边流泪，最后已泣不成声了。

过了好长时间，惠子慢慢睁开眼睛，缓缓地喝下了一杯温水。

我继续和惠子慢慢地交流。

"你的这些经历让你经受了不同程度的痛苦体验，让你在遇到类似场景时就会紧张、惶恐不安、焦虑等，因为你已经形成了条件反应。"

惠子目不转睛地盯着我，过了好一会儿才回过神来，然后说："张老师，我不去上学是因为英语老师发现我连续两次周考成绩下降了，发试卷时说'惠子成绩又下降了，确实该好好反思了'。在批评我前后，老师同样批评了几位成绩下降的同学。可是他们照常在学校上课，而我觉得无脸在班里待下去，这是否与条件反应有关？”

“是的。它会使你产生自卑心理，特别在乎别人的评价。本来是小挫折，而你体验到的却是沉重打击。于是，你启动了不参加比赛、不参加家庭聚会的回避心理，采取了防御性逃避行动，不去学校上课了。”

惠子听完后，双手捂住脸，静静地坐在沙发上，一动也不动。咨询室里能听到我俩均匀的喘气声和钟表的摆动声。时间过去了一刻钟，惠子松开的双手轻松地放在双腿上，平静地看着我说：“张老师，我差不多明白了。关键是怎样解决我所面临的问题。”

解决惠子面对学习挫折而采取逃避行为的问题的杠杆解是阻止惠子产生消极的条件性情绪反应。

第一步：消除认知性消极情绪。

我和惠子进一步交流后，惠子总结出了使她产生消极情绪的错误认知及调整策略，如下：

1. 消极自我暗示。我以前遇事先往坏处想，总是先想事情会给自己带来什么不好的影响。比如，针对当前不能返校，我满脑子都是英语老师当众指责我的场景，而没有想到这是老师在关心我，她是在提醒我尽快找出成绩下降的原因以快速提升英语成绩。以后遇事我要向积极的方面去想。当我自信心不足时，要及时进行积极自我暗示，然后竭尽全力去做。

2. 错误的比较。我以前拿自己的缺点和别人的优点作比较，使自己自卑，导致不敢参加比赛、聚会等。我今后不但要发现别人的长处，也要善于发现自己的长处，肯定自己取得的成绩，实事求是认识自我，克服自卑感，提升自信心。

3. 思维狭窄。经过您的开导，我发现自己思维狭窄，孤陋寡闻。今后我不但要主动结交朋友，多找朋友谈心，而且要多读好书，向榜样学习，还要学会在必要时向老师和专家求助。

第二步：调控条件性消极情绪。

当在某种刺激下产生消极情绪时，我要学会调整自己的心态，克服害怕心理。当面对真实或想象的危险与困难，我心跳加速、呼吸加快、情绪恐慌时，我先提醒自己这是消极的条件反应在起作用，再立刻采用深呼吸、肌肉绷紧放松、积极心理暗示等调整方法，克服害怕与自卑心理，进而避免产生回避行为。

第三步：良好心态的调整与塑造。

经过和惠子的深度交流，共同讨论，惠子找到了自己面对挫折不消极、能知难而进的具体做法后，我紧接着用专业的心理咨询技术，对惠子进行了多次体验式的辅导训练，不仅使她掌握了调整与塑造良好心态的方法，而且固化了她知难而进的思想与行为。

第四步：完成作业，巩固训练效果。

1. 记录返校前与返校后心理活动内容。

2. 详细记录面对生活中各种挫折时，她是怎样调整认知与行为，做到勇敢面对、知难而进、愈挫愈勇的。

{咨询效果}

当第二次心理咨询结束后，惠子就回学校上课了。

惠子一共咨询了六次，惠子面对学习和生活中的挫折时，逐渐能做到迎难而上了。

半年后回访，惠子妈妈告诉工作人员："惠子不但变得积极阳光了，亲朋的聚会活动能愉快参加了，她的好朋友也多了。"惠子的老师回复："惠子变得开朗了许多，能踊跃参加学校和班级组织的各项活动，她的学习成绩也有了一定提升。"

抛砖引玉 ➡

遭受挫折是青少年学习和生活中的常见现象。家长在教养孩子的过程中，要抓住机会对他们进行抗挫折教育，教会他们正确认识与评价自我，学会自我激励与自我调控，以提高他们对挫折的承受力与应变力。

心理科普 ➡

提升中小学生抗挫折能力的方法

1. 保护自尊法。自尊心是中小学生积极向上、克服困难、自我教育的内在动力。当他们遇到挫折时，特别需要家长和老师保护他们的自尊心，要对他们进行耐心疏导，忌用简单粗暴的方法对待他们。

2. 调整认知法。家长和老师要让中小学生认识到挫折是学习和生活的一部分。一个人只有经受一些挫折，才能提高扭转逆境、克服困难、适应社会生活的能力，应该以积极的态度面对挫折，不断积累战胜挫折的经验，在挫折中锻炼成长。

3. 提升素质法。提升心理素质是提高中小学生抗挫折能力的根本方法。可以加强中小学生心理健康教育，有效地帮助他们学会正确认识自我、评价自我、激励自我、调控自我，以缓解他们的心理紧张与冲突，提高他们的适应能力，使他们学会正确地认识挫折和掌握应对挫折的策略。

4. 创设情境法。现在的中小学生，有的从小娇生惯养，缺少面对挫折的经验，一旦遭受挫折就会惊慌失措，承受力很低。为此，家长和老师应有目的地创设挫折情境，使他们体验各种挫折，让他们在活动中经受磨难、锻炼意志力、积累抗挫折的经验，在逆境中奋进，在挫折中成长。

5. 学习赋能法。家长和老师要教会中小学生一些基本的面对挫折的方法，如自我安慰法（面对挫折自我安慰，自我鼓励）、倾诉法（在受挫之后，把不良情绪通过合理的途径倾诉出来）、补偿法（在某方面受挫后，可通过其他途径来实现另一可能实现的目标以获得心理平衡）、调整目标法（受挫后审视原目标是否符合实际，如不符合实际可重新制定目标等）。

6. 树立榜样法。榜样的力量是无穷的。家长和老师要给中小学生讲述一些贴近未成年人生活的典型事例，如伟人、英雄、科学家们战胜困难、坚忍不拔、勇往直前的生动故事，让中小学生在学习、人际交往等各个方面都能找到学习的榜样。这样，在他们遇到挫折时就会向榜样看齐，产生巨大的精神力量。

7. 体育锻炼法。经常参加体育运动，有助于中小学生养成敢于面对的个性品质，有助于培养他们的意志力、自信心。在体育运动中，他们可以了解自身的优缺点，不断修正自己的认识与行为，发挥潜能与长处，克服缺点和不足，正确对待成功与失败。体育运动能使中小学生身心接受挑战，提升适应与竞争的能力，对提高中小学生的抗挫折能力具有促进作用。

第二章

人际交往问题

　　人际交往是人与人之间通过一定方式进行接触交流，从而在心理上和行为上发生相互影响的过程。

　　中小学生人际交往的对象主要是同学、老师和父母，在交往过程中，通过克服遇到的挫折与困难来获得人际交往的知识与经验，提升人际交往能力，促进身心健康发展。如果人际交往不理想，他们在以后的学习和生活中会变得畏惧不前，产生人际敏感、人际冲突、社交恐惧、人际孤独、群体事件等人际交往问题。

01 人际敏感

案例故事 ➡

14 岁初二女生云丽（化名）一家四口人，爸爸、妈妈、奶奶和云丽。云丽从小就惹人喜爱，她性格文静、说话声音甜美且有两个深深的小酒窝。她从小学到初一，学习成绩一直名列前茅，上初二后，云丽好像变了一个人，不爱说话了。向来比较喜欢上学的云丽，最近却休学回家了。

{问题分析与疏导}

云丽从小学习习惯较好，学习的事情让爸妈比较省心。她喜欢读书，人际关系较好，深受老师和家长的喜欢。

云丽的爸妈是科研人员，工作比较忙碌，洗衣、做饭等家务几乎都由奶奶打理。通常，爸妈吃完饭后，不是看书学习，就是整理相关资料。云丽也学着他们的样子，吃完饭后直接做作业或者读书。她每学期都能获得好几张奖状，快把她的荣誉墙贴满了。她还经常跑到爸妈的书房里数爸妈获得的奖杯、奖状数量。

云丽常常带好朋友到家里玩。爸妈出差带回来的食品，云丽也常常分享给同学和老师。可是，到了初二，云丽突然不愿说话了，一直闷闷不乐，目前已经休学在家一周了。妈妈非常担心她。

为了让云丽说出自己的烦恼，我示意云丽的妈妈去休息室。

云丽的妈妈走出咨询室后，我轻声地问云丽："你对妈妈对你的担心，是怎么想的？"

云丽没有说话，但是我发现她的眼泪顺着脸颊流了下来。

我慢慢地把纸巾放到她手上，又给她接了一杯水，放在她的身边。

墙上的钟表滴答滴答地响着。

八分钟后，云丽喃喃地说："都是我不好，我对不起他们。"

"嗯，你所说的你不好是指什么？"我轻声地问。

"同学给我起外号，是我对不起同学；我不愿意让爸妈和老师为我担心，我什么都不告诉他们，是我不好；奶奶一直很疼爱我，我不想让她再为我操心，结果奶奶也因担心我而生病了，也是我不好。我越来越觉得自己不是个好人，都是我不好。"

云丽边说边哭，有些泣不成声了。

我轻轻地把纸巾放在她的手上，她没有擦，任凭泪水流淌，好像执意要把所有的委屈都流出来。

等云丽的呼吸逐渐平稳后，我慢慢地对她说："云丽，看来这些'我不好'，起因于同学给你起外号，是吗？"

"是的。从小家人就教育我，一定要和同学搞好关系，助人为乐，不欺负弱小。我在上初一时，感觉同学们对我很友好。可是到了初二，有一个同学给我起了外号，接连有好几个同学都叫我外号。我曾多次反思，肯定是我做了对不起他们的事情，他们才这样对待我的，可我不知道我做错了什么事情！"

"所以，你越来越烦恼，对吗？"

"对呀，我有时看见几个同学在一起，就觉得他们在说我坏话；有时似乎听见有同学喊我外号，但仔细听听，又听不到；最近两周，每次回到宿舍，在门口就能听到有人说话，可是我开门进屋后，她们又都不说话了。我越来越觉得自己肯定是做了对不起别人的事情，引起了同学们的反感，所以现在大家都开始议论我了。"

"噢，原来你觉得别人给你起外号，是因为你做了对不起他们的事情；你觉得他们好像在说你的坏话，并且认为大家都议论你。但是，你向他们求证过吗？"

"没有。"

"嗯，现在你也没想明白究竟是怎么回事，对吗？"

"是呀。"

"初中阶段，青少年恰逢进入青春期，生理和心理都得到了发展。你会发现同学们的身体都发生了明显的变化，但心理的发展远远滞后于生理的发展，由于二者发展不平衡，同学们会产生青春期烦恼，和家长的交流逐渐变少。比如，有些同学表面什么都不在乎，实际上他们从众心理很重，既想保持自己的独特个性，又担心脱离集体。于是，有的同学出现了紧张、焦虑、自卑等不健康心理；有的同学出现不同程度的逃避、说谎、破坏、暴力等不良行为。这是初中生心理发展的一般规律，人人都会遇到，不过会因个性、成长经历、家庭教育的不同而表现得不同。"

云丽身体前倾，听得十分认真。我又趁机说："实际上，同学给你起外号，未必是你做错了什么，也许是他想标新立异，引起同学们对他的关注；有好几个同学跟着一起喊你外号，也许他们是出于从众心理，或者想借此引人注意而已。二者发生时，打破了你内心的平静，又加上初二开设新的学科，学习压力也逐渐增大，于是你产生了紧张、焦虑情绪。当焦虑值升高到一定程度时，你内心就会比较敏感，会不由自主地浮想联翩，一方面想自己做错了什么，一方面观察周围的情况。于是，看见几个同学在一起，你就觉得他们好像在说你的坏话，有时还似乎听见同学在喊你的外号，但仔细听听，又没人喊了。这是由于焦虑值升高到一定程度，把想象和现实混淆，模糊掉了现实和虚幻之间的界限导致的。至于你回宿舍，在门口听到说话声，一开门却没人说话这种现象，不仅是你的寝室会出现这种情况，所有的寝室都会出现这种情况，与进来的这个人是谁没有关系，这属于正常现象。为什么你以前没有注意到，现在却注意到了呢，是因为你现在处于高焦虑状态，比较敏感。"

云丽喘了几口大气，脸色逐渐红润起来，前倾的上身慢慢地往后，靠在了沙发椅的靠背上，僵硬的两只胳膊也慢慢地放松了，双手自然垂落到双腿上，紧绷的神经和肌肉也慢慢地放松了下来。

咨询室里静悄悄的，只有墙上的挂钟滴答滴答地响着。我的身心也舒畅了许多，任凭这美好滋润着我们彼此的身心。我趁机播放轻松音乐并给她做了 30 分钟的放松训练。

放松训练结束后，云丽的小脸蛋红彤彤的，满脸洋溢着舒心的笑容，一双明亮的大眼睛更加清澈有神。

我让她谈谈自己的感受，云丽是这样说的："首先谢谢张老师。我好像做了一次人生的穿越。我像穿越到了神奇的仙境里，扑通跳进了用'舒心叶儿''爱意花儿''放松草儿''灵动汁''减压水'等混合而成的浴水中，惬意地躺在用安全做砌池砖、用爱心做护栏的私密的浴池里，我尽情地洗浴，洗去了心灵深处的委屈，涤清了藏在骨子里许久以来的压抑与迷茫，浑身轻盈舒畅，神清气爽。"

云丽说到最后，情不自禁地笑了起来。我被云丽的文采所感染，也不由自主地笑了起来。

我和云丽交流之后，又和云丽的妈妈交流了一会儿。

临走前,云丽塞到我手里一个用纸叠好的小纸鹤，并且神秘地对我耳语："张老师，请您等我们走后再打开看。"

云丽和她妈妈手牵着手，轻松地离开了咨询室。

我站在办公室的阳台上，慢慢地打开这只小纸鹤。发现这张纸上，云丽用娟秀的字体工工整整地写着"本来无一物，何处惹尘埃——云丽"。

我禁不住笑了，我又按照原来的折痕折叠成小纸鹤，打开窗子，用力把它放飞到空中，让它在蔚蓝的天空中自由翱翔。忽然一阵风儿吹来，把翱翔在24层楼高的小纸鹤吹向了山东大学校园的上空。

{咨询效果}

第一次咨询完后，云丽就回学校上课了。两周后她又来咨询了一次。从此以后云丽再也没有出现过休学现象，而且变得比以前更喜欢表达自己的观点了。

抛砖引玉 ➡

在家庭教育中，有的家长认为孩子学习成绩较好，比较省心，就万事大吉了。其实，成长比较顺利的孩子往往会认为只要自己足够努力与优秀，一切都会如愿以偿，在遇到突发事件时，他们常常会自我贬低、甚至一蹶不振。因此，家长要对孩子进行适当的挫折教育，提升孩子的抗挫力。

心理科普 ➡

一、中小学生人际关系敏感的形成原因

1. 家长过度保护。研究表明，在孩子童年时期，如果家长对孩子过度保护，一方面会阻碍孩子主动探索外部世界，剥夺他们发挥自身潜能的机会，也会使他们形成依赖心理；另一方面，由于孩子依赖成性，在与同伴交往的过程中，他们在自理能力、创造性发挥等方面便明显落后于同龄人，这将使他们逐渐产生自卑心理，心理压力增大。因此，他们在和别人相处时变得敏感、易焦虑。

2. 心理需求挫败。中小学生在成长过程中，尤其是年幼时，其内心强烈渴望被关心、被呵护、被支持，如果现实结果是被拒绝、被忽略、被打击、被惩罚，他们内心便会产生刻骨铭心的挫败感。从此，在人际交往中，他们一旦有心理需求时，便会出现人际关系敏感症状。

3. 与青春期有关。中小学生步入青春期后，自我意识逐渐形成，其内心开始变得敏感，他们很在乎自己在别人眼里的形象，关注别人对自己的评价，尤其是希望得到异性的关注与好评。而那些自卑的学生，由于其内心对自己的否定比较多，会在交往过程中担心别人对自己有不好的看法或担心给别人留下不好的印象等，于是产生敏感心理并逐渐发展成敏感个性。

4. 与本人个性特点有关。对性格内向的学生，如果在家庭教育中，家长不针对其内向的个性采取相应的心理教育措施，不去培养其良好的个性品格，该类学生形成敏感个性的可能性较大。

二、消除中小学生人际关系敏感问题的方法

对中小学生来说，如果他们对人际关系过分敏感，会严重阻碍他们身心健康成长。解决中小学生人际关系敏感问题的方法主要有：

（一）家庭教育方面

1. 营造良好的成长环境。家庭是孩子成长的摇篮，也是孩子理解、感受、体验人际关系最早、最重要的场所。温馨、和谐、民主的家庭环境对孩子良好个性的形成与发展起着巨大的促进作用。

2. 提升家长素质。家长与孩子之间的互动方式、相处方式等，都对孩子起着不教而教的教育作用。家长一定要提升自身素质，反躬自省，率先垂范。

3. 优化教养方式。家长的教养方式直接影响孩子的人际交往。家长采用民主、平等交流的教养方式对中小学生形成和谐的人际关系具有促进作用。

4. 培养良好品质。家长与孩子互动时，要引导孩子往积极方面看，培养孩子的积极乐观品质。家长也要注重培养孩子的自信、坚毅、学会合作、尊重他人等品质，这些都有助于中小学生克服人际关系敏感问题。

（二）自我教育方面

1. 换位思考。敏感的心理实质是自己给自己构建一种自以为是的心路历程，并且活在自己的感觉里。因此，中小学生要打破这种心理机制，遇事能够换位思考，从自己的感觉里跳出来，而不是一味地活在自己的感觉里而怨天尤人。

2. 表达自我。中小学生人际关系敏感的一个原因是不会表达自我。因此，人际关系敏感者要学会充分表达自我，能够正确地表达自己的观点。这样做，一方面能让别人了解自己的真实想法和愿望，另一方面还可以通过别人的反馈来验证自己的想法是否客观，从而打破自以为是的思维模式，有助于消除敏感心理。

3. 接纳自我。敏感者，多自卑。自卑者，总是感觉自己不如别人。人际关系敏感者如果能试着接纳自己的一切并逐步发现自己身上的优点，那么他们的自信心就会提升，就能勇敢、坦然面对别人，他们的敏感心理也会消失。

4. 挑战自我。在日常生活中，人际关系敏感者要利用一切可以利用的机会自我鼓励，敢于走出舒适圈，突破自我限制，广交朋友。一旦产生自我突破行为时，就及时鼓励、欣赏自己。随着挑战自我的次数增多，他们人际交往敏感的现象会逐渐减少。

5. 学会沟通。在人际交往中，如果对别人有猜疑时，自己要先冷静思考：如果疑惑依然存在，就诚恳、坦率地把问题说出来，若是误会，疑惑就会及时消除；若是观点不同，通过谈心了解各自的想法，求同存异，也是一种进步；若证实了自己的猜疑并非无端，仍然要心平气和地讨论。

6. 和自己和解。当自己因人际关系比较敏感而痛苦时，可以把自己的担心和焦虑写成文字，收藏起来，等内心平静后，再写出自己此时的心理感受并与之前的相比较，会发现事情并非像自己曾想的那样，便会因自己的成长而喜欢和欣赏自己。

7. 学习交往技巧。敏感者可以通过阅读有关书籍增长人际交往技能；也可以通过观察，学习别人的交往技巧；还可以通过广交朋友，在交往中逐步提升自己的交际能力。

（三）学校教育方面

1. 发挥班集体的重要作用。班主任可以组织一些促进师生交往的主题班会和各类文体活动等，这样既有利于学生在活动中体验到人际关系的重要性和交往的乐趣，也有利于他们提升人际交往技巧、消除隔阂、减轻人际交往敏感。

2. 上好人际交往课。学校上好人际交往课，使学生了解人际交往心理问题的发生、发展过程，学会人际交往不良心理的调整方法，掌握人际交往的知识与技能等，帮助学生消除交往恐惧感，减轻交往的心理压力。

3. 营造和谐的氛围。学校通过讲座、广播、宣传语等多种形式为学生营造和谐的校园氛围。同时，还可以通过心理咨询信箱、心理咨询热线、网上心理咨询等多种渠道，解决学生人际交往问题。

02　社交恐惧

案例故事 ➤

高二女生林达（化名），学生中的佼佼者。她的父亲在一年前不幸因车祸去世，妈妈贤惠且精明能干。林达的大姐博士毕业后在某跨国企业工作，二姐正在读研。林家三姐妹从小都是"别人家"的好孩子。可是林达在高二时却因不敢与同学交流、相处，休学在家。

{问题分析与疏导}

经了解得知，林达从小生活自理能力较强。林达小学六年级时，林达的爸爸从部队转业到政府机关工作，一家人从农村搬到了省城生活。可是，在林达初中毕业的那个暑假里，她爸爸不幸因车祸去世了，这给原本快乐幸福的一家人带来了浓浓的悲伤。

林达以优异的中考成绩升入了当地最好的高中，高一时成绩一直在班里名列前茅。可在高二开学不到两个月时，林达休学回家了。任凭家人、老师、同学怎样劝说，林达都没有返回学校。

林达和我交流时，她始终低着头，说话一个字一个字地往外"蹦"，喉咙好似被硬物卡住了一样。

下面是我和林达的对话摘要：

"林达，老师和家人都对你休学感到不可思议。我想听听你的想法。"

"他们只看表面。"

"是呀，他们没有理解你内心的痛苦。"

听完这句话，林达猛地抬起头，看了看我，眼里闪烁着泪花。

我接着说："林达，其实你的内心比谁都痛苦，休学绝不是你想要的，你是不得已而为之。"

说到这里，林达的眼泪像断了线的珍珠，顺着脸颊滚落到胸前的衣服上，慢慢地衣服湿了一片。

大约过去了五分钟，林达的呼吸渐渐地均匀了。

我小心翼翼地说："林达，你是否愿意把你的痛楚拿出来，咱们一起面对它、研究它、战胜它，好吗？"

一分钟之后，林达一字一字地说："我曾暗下决心，要在高二把学习成绩进一步提升。在暑假里，我制定了详细的高二第一学期学习计划。"

说到这里，林达有些哽咽了，调整了一会，然后说："高二返校后，我严格按照我的计划去学习，却感到力不从心，非常低效，跟不上同学们的学习节奏。我是越努力，越着急；越着急，越低效；越低效，越恐惧。我现在看见同学和老师心里就怦怦直跳，不敢和同学交流，不敢在课堂上发言。我现在一走进学校，心里就怦怦直跳，浑身发抖……"

林达说着又哭了起来。我一边递纸巾给她，一边慢慢地说："你能具体说说吗？"

"我们班采用探究式的学习模式，同学们会根据老师提出的一系列问题进行自主学习或合作探究。在高一的课堂上，我一直有驾轻就熟之感，可现在我找不到感觉，跟不上同学们的节奏，尤其在小组交流时，我总是最后才能把探究内容表达出来，而且还不够精准。我觉得现在我的脑子出问题了，越来越笨，越来越不愿与同学说话了，甚至害怕和同学交流。我睡不好觉，学习越来越低效，一进教室门，浑身难受，有种窒息感；再后来，一进校门就浑身发抖。"

我给林达接了一杯水，放在她手上，示意她润润嗓子。

林达喝完水后，我慢慢地问她："林达，你说在高一课堂上你有驾轻就熟之感，而现在却跟不上同学们的节奏，根本原因是什么？"

"是我脑子不管用了。"

"还有吗？"

"其他同学的学习能力都提升了。"

"还有吗？"

"高二比高一学习节奏快了。"

"还有吗？"

"高二的学习内容难度大。"

"再想一想。"

"我实在想不起来了。"

"首先，你学习时情绪状态不一样。高一时你是在轻松愉悦的状态中学习的，学习过程中多是成功的心理体验，而且是越成功越兴奋，越兴奋越成功，你的大脑处在良性循环状态中。高二时，你是带着较高的期待与紧张的情绪学习的，脑神经紧张到一定程度会抑制大脑的兴奋，如果大脑不兴奋，则学习过程中失败的体验越多，由于你情绪低落，学习效率就低，脑神经兴奋度也低，这样你的大脑就处在恶性的消极循环状态中。

其次，制定计划要实事求是，要有弹性。制定计划时，不仅要根据自己的知识储备，还要兼顾高二学习内容的实际情况。制定学习计划是一个比较好的学习习惯，所以你在制定计划时，需要把各种因素都考虑在内才行。虽然制定计划越详细越好，但是计划实施还需要一定的弹性。否则，欲速则不达。

最后，要学会变通，不要舍本逐末。在语言表达方面，你可以力求精准，但是在有限的时间内，你过分追求精准的话，会忽略或来不及思考其他更重要的问题，出现舍本逐末的情况。你要知道，世界上十全十美的事物并不存在，往往会过犹不及。"

林达听完后，沉思良久。然后，我俩又进行了多次深层次的交流。最后，我引导林达针对她当前现状进行如下总结：

"我的问题在于舍本逐末，欲速则不达。第一，我只追求精准地表达，并沉浸在精准表达某个问题里，浪费较多时间，致使我跟不上同学们的节奏，并不是我的脑子真有问题；第二，我制定计划时，忽略了高二学习实际情况和自己的学习能力，又缺乏弹性，致使我焦虑情绪过高，进而导致恐惧心理加重，上课不敢发言，害怕与同学交往，不敢与老师交流等；第三，刚愎自用，自以为是，以自我为中心，总觉得自己是最厉害的，不会科学调整心态，经不起挫折。我有时也觉察到自己存在虚伪、畏难、逃避现实等问题。"

林达总结完后，有种冲破牢笼之感，她双手十指相扣、翻转，从胸前慢慢地举过头顶，用力高擎，左右摇摆了数下，整个人感觉轻松了许多。

{咨询效果}

第一次咨询后，林达便返校学习了；第二次咨询后，林达迅速地调整学习计划和学习状态；第三次咨询后，林达说她和同学、老师、家人的交流越来越顺畅了。她在探究式学习课堂上，驾轻就熟的感觉慢慢找了回来，和同学们的学习节奏也越来越合拍了。

抛砖引玉

老师和家长在教育天资较好的学生时，为避免他们产生自以为是的思想，不仅要注重培养他们放眼全局、多维度思考的习惯，还要注重培养他们与时俱进的灵活性。否则，他们一旦陷入自以为是的僵化思维模式，就可能产生人际交往恐惧等心理问题，严重影响他们的身心健康和潜能发挥。

心理科普 ➡

一、社交恐惧症的表现

社交恐惧症是指在人际交往中或公开场合产生异乎寻常的、持久的恐惧和紧张不安，是恐惧症中常见的一种。他们明知自己的这种恐惧反应极不合理，但在相同场合下仍反复出现恐惧情绪和回避行为，难以自制。

社交恐惧症主要表现为对社交场合和人际接触时过分担心、紧张和害怕，对许多社交环境存在恐惧。如在公共场合进食、说话、聚会、开会等，怕自己做出一些令人难堪的行为，影响患者正常的生活、工作、学习等。

社交恐惧症分一般社交恐惧症和特殊社交恐惧症。特殊社交恐惧症是对某种特殊环境有强烈的恐惧，如当众发言口吃、视线恐惧、表情恐惧、异性恐惧等。

二、消除中小学生社交恐惧的对策

帮助中小学生消除社交恐惧，可以从消除他们与老师、同学、家长之间的交往障碍入手。

（一）消除他们与老师的交往障碍

中小学生希望得到老师的关心、理解与爱，如果得不到老师的理解与爱，或者老师对他们有认知偏差时，他们就会产生压抑与对抗心理、攻击行为等。

家长要对中小学生适时适度加以引导，当老师不能理解他们时，引导他们主动与老师交流；当他们遭到老师误解时，引导他们采取恰当的表达方式，如给老师写信、写小纸条、打电话等方式，或者通过其他家长、同学让老师了解事情真相，化解他们对老师的对抗情绪，减轻内心的压力。

老师在与学生相处时，要尽量做到公正、公平，多与学生谈心。老师发现有学生出现社交恐惧时，一方面可以有目的、有计划地召开有关主题班会、设计促进人际交往的班级团体活动；另一方面，主动与有社交恐惧症的学生谈心，同时把该类学生引荐给学校心理老师或校外专业心理咨询师。

（二）解决他们与同学的交往障碍

中小学生在与同学交往过程中，由于个性、家庭、自身生理原因等，不可避免地会遇到交往受阻现象。这时需要家长和老师对他们及时进行正确的引导，避免他们出现自卑、自负、孤独、封闭、妒忌等心理问题，进而能与同学和谐交往。

家长和老师要注重从以下几个方面引导学生：

第一，主动、热情。家长和老师教育学生，在和同学交往时要主动、热情，不要总是等待别人来主动关心自己。

第二，理解与尊重。家长和老师教育学生，使他们懂得同学之间要相互理解与尊重。每个人都有自己独特的气质和性格，都有不同的成长背景、生活习惯和经历，都要彼此尊重。

第三，宽以待人。中小学生正处在成长阶段，处理问题难免有不妥之处，多换位思考，相互谅解。家长和老师教育学生，当与同学发生矛盾或冲突时，要严于律己、宽以待人，对待同学要宽容、谅解。

第四，以诚相待。家长和老师教育学生，对同学要以诚相待。要让别人喜欢自己，首先要用期望别人对待自己的方式真诚对待别人。

第五，虚心学习。家长和老师教育学生，要虚怀若谷，多向优秀的同学学习，取人之长补己之短，在学习知识、技能的同时，提升人际交往能力。

第六，广交益友。家长和老师教育学生要广交益友，在提升人际交往能力的同时，成就更好的自己。

（三）解决他们与父母的交往障碍

父母是孩子的第一任老师，家庭是孩子的第一所学校，父母要通过言传身教来影响孩子。当孩子与父母关系不好时，父母要主动改变与孩子的交流、相处方式。

第一，调节家庭氛围。家长力求给孩子提供一个温暖、和谐的家庭氛围，让孩子在平等、民主、平和的氛围中成长，在与父母的互动中学会与人平等、友好相处的能力。

第二，学会倾听。在和孩子相处时，要耐心地倾听孩子的讲话并及时给予回应。家长做得好，孩子就会在潜移默化中得到熏陶，也会好好听别人说话，进而提升人际交往能力。

第三，学会讲话。家长要"会说话"，在和孩子交流时，要善于根据孩子的心情选择恰当的言语，这样才能拉近与孩子的心理距离。同时，家长要学会与孩子非暴力沟通。

在人际交往中，家庭交往是基础，与父母的交往是孩子学习人际交往的第一课堂。家长要想提升孩子的人际交往能力，就要提升亲子关系质量，以身示范，让孩子在耳濡目染中学习人际交往的正确方法，提升孩子的人际交往能力。

第三章

适应问题

物竞天择，适者生存，这是自然界规律。中小学生面临社会环境、家庭环境、学校环境等发生的变化，是否能够调整身心与之适应，对他们身心的健康发展影响极大。

环境适应良好，学生们就可以健康成长。否则，他们会出现各种各样的适应不良状况，产生各种心理问题，严重影响他们的身心健康成长，甚至为终身发展埋下隐患。

中小学生在面临各种新情况、新变化时，能否顺利适应，与他们接受的教育有必然联系，尤其与家庭心理健康教育的科学性密切相关。

下面就参照现实生活中的案例，从不同的方面呈现心理健康教育的科学方法、重要意义等，以期对迷茫中的家长或教育工作者，在对中小学生进行心理健康教育时起到参考作用。

01 幼儿入园适应

案例故事 ▶

在金秋十月的一个上午，我的咨询室里来了一个小小来访者牛牛（化名），4岁半，肉嘟嘟的小脸，长长的睫毛下镶嵌着一双圆溜溜的大眼睛，胖乎乎的，着实可爱。因为牛牛不肯上幼儿园，所以家人带他来见我。

{问题分析与疏导}

牛牛的家人告诉我，牛牛在第一天上幼儿园时只大哭了几声，看到奶奶离开幼儿园后就不哭了。第二天入园时，牛牛只小声哼唧了几声就被老师牵着小手去教室了。第三天、第四天，牛牛很乐意去幼儿园。到了第五天，牛牛在熟睡中忽然坐了起来，哇哇大哭，嘴里还喊着"这是我的""这是我的"，他说了几遍后又抱着布偶睡着了。周六晚上惊醒次数增多，醒后哇哇大哭，身体开始发烧。他爸妈带他去医院看病并在牛牛的身体和情绪都恢复后再送他去幼儿园，但他一进校门就哭，看到老师哭得更厉害了。

家长很是心疼，越想越对牛牛的表现产生怀疑，于是牛牛的奶奶就问园长："我孙子开始来幼儿园时表现得比其他小朋友还好，现在他怎么不愿意来幼儿园了呢？"言外之意是让园长调查清楚牛牛不去幼儿园的原因。园长认真了解情况，老师都说没有发现牛牛在校有异常表现，老师既没有批评和训斥过牛牛，也没有发现牛牛与其他小朋友发生过争执。

第二天，牛牛的奶奶又送牛牛去幼儿园，牛牛还是大哭不肯进幼儿园，园长亲自牵着牛牛的小手，牛牛仍然哭闹不从。园长抱起大哭的牛牛到滑梯上玩了一会，等牛牛不哭后才把他送进了教室。他奶奶也放心地回去了。可是，牛牛上了三天幼儿园后，到了晚上又发起高烧来了，而且多次在熟睡中哭闹而醒，吓得趴在妈妈的怀里一动也不敢动。平时一向很少发高烧的牛牛，为什么两周时间里接连发高烧？奶奶很心疼。

第四周，牛牛退烧后，奶奶又送牛牛去幼儿园。在去幼儿园的路上，牛牛不停哭闹，到幼儿园门口时，哭闹得更加厉害，甚至用牙咬奶奶的胳膊。奶奶只好带牛牛回家了。奶奶怀疑牛牛在学校受到了惊吓，实在放心不下，又带牛牛去儿童医院进行了全面检查，但检查结果一切正常。

牛牛快一个月没去幼儿园了。在这段时间内，牛牛没有发生晚上睡觉哭闹和发烧的情况，于是家人决定再次把牛牛送去幼儿园。牛牛爸爸不管牛牛怎么哭闹，直接把他抱进了教室。一个小时后，奶奶偷偷在教室外面观察牛牛，她见牛牛不哭闹，并和小朋友一起玩积木后才放心回家。可是过了一周，牛牛晚上又开始发烧了。

听完牛牛家人的介绍后，我让助理带着牛牛一家人去沙盘室。

在进沙盘室前，助理拉着牛牛的一只小手，笑眯眯地说："牛牛，我带你去一个玩具王国玩，你愿意吗？"

牛牛一听可开心了。助理给牛牛讲要求："第一，进屋后要静悄悄的；第二，对喜欢的玩具要轻拿轻放，玩完后放回原来的位置；第三，每次拿玩具时一只手只允许拿一件玩具。"牛牛迫不及待地看着助理，助理拉着牛牛的小手连续说了三遍要求，牛牛也点头"嗯"了三次。

谁知牛牛一进沙盘室，看到沙具架（沙具陈列架）上有那么多新奇的沙具玩偶，立刻跑到沙具架前面，从沙具架上抱起一堆沙具往地上扔。助理和牛牛的妈妈、奶奶赶紧去接，结果还是有个瓷娃娃掉到了地上。牛牛看着被摔坏的沙具，哇哇大哭起来。助理机灵地拉起牛牛的小手，笑眯眯地说："牛牛，咱们现在快给'小战士'做愈合手术吧，把他的手和武器再接上，好吗?"牛牛不哭了，我把透明胶带给他。他们给"小战士"做完愈合手术后，助理说："牛牛，你看这个'小战士'受伤了，咱们把他放回沙具架养伤吧。"牛牛很不高兴地把受伤的"小战士"送回了原处。紧接着，牛牛站在沙具架前含着眼泪发愣，然后不顾一切地抱沙具，这时助理马上提醒牛牛："用手拿自己喜欢的沙具。"牛牛没有听，抱起许多沙具就往地上扔，牛牛的奶奶和妈妈急忙上前制止。助理走到牛牛跟前，拉着牛牛的小手，小声问牛牛："你愿意和大家一起建造小花园吗?"牛牛用力地点了点头。助理接着说："那你要按照要求慢慢地从沙具架上拿沙具，每次每只手只拿一件，然后轻轻地放在你想放的地方。"助理边示范边和牛牛交流："你觉得小花园里还需要放什么物件呀，你可以把你喜欢的沙具放进来。"这样，牛牛又逐渐开心起来，并按要求拿沙具了。

第一次游戏治疗用了 40 分钟。

第二次游戏治疗的主题是分享，参与人员有助理、牛牛、牛牛的奶奶与妈妈，我以观察者的身份参加。

通过游戏，我发现牛牛没有分享意识，不舍得把自己喜欢的玩具分享给别人，比较任性，甚至一意孤行;通过游戏，我教给牛牛分享的相关知识，然后引导他一步步去分享，同时对他的分享行为及时给予强化训练。这不仅使他学会分享技能，而且固化由于分享给他带来的快乐体验。

第二次游戏治疗结束时，我给牛牛的家长布置了家庭心理教育作业:在家利用一切机会继续强化牛牛的分享行为。

第三次游戏治疗的主要目标是培养牛牛的合作意识。

经过五次游戏治疗，牛牛每天都能顺利地去幼儿园了，并且没有再发生发高烧现象。牛牛逐渐适应了幼儿园生活，性格也渐渐开朗起来了。

原来，牛牛爸妈平时工作很忙，经常加班，牛牛的奶奶用她认为最好的方式无微不至地呵护牛牛成长。牛牛要什么，奶奶就给他什么；和其他小朋友一起玩时，牛牛只顾自己玩，从不顾及其他小朋友。天长日久，牛牛形成了任性、自私、不合群等不良个性。

牛牛到了幼儿园，看到许多新鲜的玩具，很想玩个够。但是，在幼儿园里，比他个子高、强势的小朋友不少，当他们也喜欢牛牛喜欢的玩具时，不可避免地会从牛牛手中抢过去，胆小、内向、任性、不合群的牛牛，看到没有奶奶和其他家人在场，也不知如何去做。于是，牛牛内心的焦躁不安、恐惧与日俱增，在幼儿园不敢告诉老师，回到家也不向家人表达，只能默默地积压在心里。当害怕、恐惧积累到一定程度时，就会以熟睡中哭闹的形式表现出来。

心理学研究表明，长期的焦虑与恐惧会造成人体免疫力降低、内分泌失调等，又加上幼儿抵抗力弱，因此牛牛有时会出现发高烧症状。

可见，牛牛自从上幼儿园后，一直处在焦虑、恐惧等状态中。但是牛牛不会把自己内心的焦虑与恐惧表达出来，于是用发烧的症状来告诉大家他需要心理关爱了。

{ 咨询效果 }

通过对牛牛及他的奶奶进行心理辅导，牛牛去幼儿园时不再哭闹了。通过对牛牛的跟踪回访得知，牛牛夜里从睡梦中哭闹而醒的情况逐渐减少，因夜里哭闹而导致他发高烧的情况也没再发生过。

抛砖引玉 ➡

幼儿模仿能力较强，家长不但要注重言传身教，还要注重在日常生活中择机而育、适时而教，可以利用做游戏、讲故事等多种形式来塑造幼儿分享、合作、谦让等良好心理品质，为幼儿身心健康发展筑起一道心理防护长城。

家长越重视对孩子良好心理品质的培养，孩子就会越健康、越快乐、越优秀。

心理科普 ➡

一、幼儿分离焦虑的含义及其产生的原因

幼儿分离焦虑是指幼儿和抚养者分离时所表现出来的一种内心恐惧不安情绪和行为，是幼儿对陌生环境和陌生人群产生不安全感和恐惧感的反应。

幼儿分离焦虑具体表现为哭闹、抽泣、沉默无语、烦躁、爱发火、急躁，部分表现为经常性感冒、发烧、咳嗽等，甚至表现为时常不敢去幼儿园。

幼儿分离焦虑产生的原因有以下四个方面：

1. 幼儿自身的焦虑情绪。幼儿进入幼儿园，是幼儿从家庭生活走向社会生活的第一步，也是幼儿社会化成长的第一步。幼儿到幼儿园后，环境、老师、同伴、活动内容等所有陌生的一切使其产生恐惧或不安。由于这个时期幼儿的语言表达能力还比较差，性格外向的幼儿会发脾气、大声喊叫、哇哇哭闹，而性格内向的幼儿，内心会更加恐惧不安，不敢表达，把恐惧埋藏在内心深处。

2. 家长的焦虑情绪影响。在幼儿入园初期，家长把孩子送到幼儿园后，恋恋不舍，总希望再抱一抱孩子，有的家长长时间在门口张望，生怕孩子有个闪失。家长把幼儿接回家后，往往会在物质和精神上过分迁就或无原则地满足幼儿的各种需求等。

3. 幼儿生活习惯没有养成。在家里，幼儿被家人呵护着，老人对孩子更是疼爱有加，生活上的事情都由大人包办，造成幼儿生活上不能自理，偏食、挑食情况严重，作息时间混乱，形成任性、专横的性格等。

幼儿入园后，他们要遵守幼儿园的规章制度，开始独立生活，当独自面对吃饭、穿衣、如厕或者与同伴分享玩具的压力时，幼儿会不适应，会采用一些消极的方法来发泄情绪，这不仅加重了幼儿分离焦虑症状，还致使幼儿入园适应期延长。

4. 生活环境的改变。幼儿入园后，生活环境发生了变化：活动场地从家庭变为幼儿园；人际环境从家庭一对一或多对一的亲人之间的互动关系变为人数较多的群体生活；幼儿活动方式比在家时受到的约束增多，一向习惯于在家无拘无束活动的幼儿会有些不适应。

二、预防幼儿分离焦虑产生的方法

一般来说，预防幼儿分离焦虑产生，需要家庭、幼儿园共同参与，可以从以下几个方面入手：

（一）家长做好幼儿入园前的准备工作

父母是幼儿的启蒙老师，父母对幼儿的教养方式，以及在幼儿入园前所做的相关准备工作，对缓解幼儿分离焦虑起关键作用。

1. 做好幼儿入园能力培养。家长要帮助幼儿做好入园的能力准备。具有基本的生活自理能力和良好的生活习惯是幼儿尽快适应幼儿园生活的关键，它能够减少幼儿的挫败感，有助于幼儿乐观、勇敢、坚强等积极性格的养成以及各方面能力的培养。因此，家长要提前培养幼儿独立吃饭、洗手、如厕、穿脱衣服和鞋袜等基本生活自理能力。

2. 对幼儿进行分享教育。多数独生幼儿在家都是玩具独占、好吃的独享。幼儿园的每件物品都是大家的，幼儿喜欢的玩具要和大家一起玩，喜欢看的书要和大家一起看。当幼儿对玩具的占有欲不能得到满足时，会产生抵触情绪，成为不适应幼儿园生活的主要原因之一，因此家长要提前有意识地给幼儿灌输分享知识，让幼儿具有分享意识，创造环境和条件让幼儿实施分享行为，并使之感受到分享带来的快乐。当幼儿成功分享时，家长一定要及时给予幼儿语言上的肯定、表扬以及动作上的亲昵，如亲一下、抱起来转一圈等。总之，强化分享给幼儿带来的愉悦的心理体验，促使幼儿养成乐于分享的良好品质，为幼儿适应幼儿园生活做好铺垫。

3. 养成规律的生活习惯。幼儿在家生活比较随意，常常是随性而为，想吃就吃，想玩就玩，想睡就睡，而在幼儿园的生活是比较有规律的，必须服从老师的统一安排。例如，按时午睡、按时起床、按时吃饭等。为此，家长在幼儿入园前要按照幼儿园的作息规律训练幼儿，使幼儿逐渐养成有规律的生活习惯。

4. 培养交往能力。家长要在幼儿入园前，教给幼儿与同伴交往的知识，形成交往意识，支持、关注并指导幼儿的交往活动，鼓励幼儿多与他人交往、玩耍，让幼儿逐渐适应幼儿园集体生活。

5. 培养表达能力。幼儿与家长交流，在学会说话之前就有一种不需要语言表达就能心有灵犀的交流方式。但在幼儿园，幼儿与教师或同伴的交流只有通过表达才能实现，表达的质量会影响幼儿入园的积极性。因此，家长要多鼓励幼儿用语言表达自己的诉求和想法，引导幼儿把话说完整，把意思表达清楚等。

6. 培养合作意识。幼儿园是幼儿社会化进程中的第一个集体组织，只有与同伴友好相处，幼儿才能体验到团体生活的快乐，才能促进他们的成长。因此，家长要创造条件和机会，培养幼儿的合作意识和能力。例如，家长可带着幼儿和玩具到幼儿较多的地方，召集所有幼儿一起做游戏、合作搭建大型积木等。

7. 训练适应力。家长至少在幼儿入园前三个月给幼儿讲解幼儿园的知识、幼儿园小朋友的快乐成长故事，欣赏幼儿园小朋友丰富多彩的活动，使幼儿对幼儿园生活充满好奇与向往。同时，家长要带幼儿提前参观幼儿园，了解幼儿园的环境，并对幼儿进行适应性训练。

（二）幼儿园做好相关工作

1. 入园前家访。在幼儿入园前，幼儿园组织老师进行家访，深入了解幼儿的个性、在家表现以及需要老师关注与优化的方面等，幼儿园与家庭提前建立联系。

2. 组织参观。在幼儿正式入园之前，幼儿园组织家长和幼儿入园参观，幼儿园可以组织一系列互动活动，让幼儿在家长的陪伴下逐渐熟悉幼儿园。

3. 优化环境。幼儿园创设家庭化的环境，营造家庭式的活动氛围，从心理上帮助幼儿适应新环境。

4. 组织丰富多彩的活动。教师应丰富幼儿园活动形式和内容，提高幼儿参与幼儿园生活的积极性。教师可以向家长了解幼儿相关的信息，在活动的内容和形式上灵活变化，激发幼儿的活动欲望。幼儿园可以采用多种寓教于乐的方式灵活调整教学内容和形式，使幼儿在游戏中快乐地学习。

5. 加强师幼互动。幼儿教师和幼儿之间的良性互动对幼儿的入园适应起着很大的促进作用。幼儿教师要有意识地加强与适应困难幼儿的良性互动，以促进幼儿的入园适应。

6. 引导建立良好同伴关系。良好的同伴关系对幼儿入园适应有巨大的推动作用，教师要积极引导幼儿之间互帮互助，构建健康、良好的同伴关系。

02 小学生入校适应

案例故事 ➡

圆圆（化名），6岁半，小学一年级女生。她梳着满头小辫儿，大眼睛，长睫毛，小嘴巴，乍一看很像个漂亮的洋娃娃。圆圆爸爸是某品牌家具厂厂长，妈妈是全职太太，家境优越。她们是因圆圆不去学校上课来咨询的。

{问题分析与疏导}

为了让圆圆接受最好的学校教育，圆圆的爸妈一年前就购买了本市师资最好的某实验小学的学区房。

圆圆妈妈介绍，在女儿还没有上学时，她一有机会就带她到学校参观，女儿日思夜想去学校上学。可是连续上学一个月后，女儿由不愿去上学、偶尔逃课，渐渐发展到连续不去上学。问圆圆为什么不去上学时，圆圆说："我讨厌这个学校，说不去就不去。"妈妈强行送圆圆去上课，圆圆上课时故意做小动作，招惹其他同学，甚至去讲台上带着同学起哄，扰乱课堂纪律。老师只好让家长接圆圆回家。

妈妈耐心和圆圆商量，怎样才能去学校上课。圆圆提出要去小表妹所在的那个班的要求。她爸妈想办法给她调了班级。

换了新班级不到一个月，圆圆又隔三岔五不去上课了。

我经过了解得知，圆圆性格外向，说话大嗓门，个性非常强势。在她刚入小学时，同学们愿意和她一起玩。可当她越来越不顾及别人的感受时，同学们都与她疏远了。于是，她开始发脾气，甚至动手打人。有的同学告诉了班主任，班主任对她进行了严肃的批评。慢慢地，同学们都不愿和她玩了，她越来越感到孤单。这种孤单落寞的感觉，在她的内心与日俱增，这是她在学校待不下去的直接原因。如果不采取措施从根本上解决问题，即使是再换 N 个班级与学校，结果都是一样。圆圆强势、以自我为中心、乱发脾气等个性短板，才是她无法在学校继续待下去的根源所在。

圆圆的爸妈在十年前靠借款收购了一个濒临倒闭的家具厂，经过多年的努力和用心经营，家具厂越来越有规模，口碑越来越好。在圆圆妈妈 39 岁时才生了圆圆这个宝贝。由于双方的老人身体都不太好，所以夫妻双方商定，由圆圆妈妈亲自带孩子。

可是随着家具厂的规模越来越大，业务越来越多，圆圆的爸爸经常早出晚归，有时甚至几天不回家。圆圆的妈妈逐渐对圆圆的爸爸心生疑心。她经常莫名地发脾气，或者摔家里的物品，或者对圆圆大吼，圆圆也耳濡目染地学会了这种互动模式。

凡是阻碍孩子健康成长的问题暴露得越早，解决得越及时，对孩子的成长越有利。在和圆圆进行了多次交流后，圆圆认识到了自己的问题，并表示今后在和同学相处时多征求同学的意见，要学会换位思考，多关心和帮助同学。圆圆的爸妈也表示要改变他们夫妻间的互动方式，给孩子做好榜样。

{咨询效果}

对圆圆连续进行了十次跟踪辅导后，聪明的圆圆逐渐适应了学校的学习生活。经过一个学期的努力，圆圆成了班主任的小助手，当起了副班长，热心为全班同学服务，与同学相处得越来越融洽了。

抛砖引玉 ➡

家长是孩子的第一任老师，父母的一言一行，一举一动，都会对孩子有很大的影响。望子成龙、望女成凤的父母们，想让你的孩子成为什么样的人，最好的方式就是你先成为那样的人，给孩子做榜样吧。

心理科普 ➡

一、学习适应不良的含义

学习适应不良是指学生在学习过程中，由于学习条件发生了变化，而学生不能随之调整自己身心与之适应，导致学习成绩和身心健康落后于应有发展水平的现象。

二、小学生学习适应不良的表现

小学生学习适应不良，一般会有如下表现：

1. 情绪障碍：表现为焦虑、抑郁、烦躁、恐惧不安等。

2. 行为障碍：学习困难，成绩下降；与同学交往减少，不愿意发言，不想运动，不愿参加集体活动；出现不良行为，如逃学、说谎、偷窃、斗殴、离家出走等；行为退缩，如咬指甲、经常哭泣、口吃等。

3. 生理功能障碍：表现为头昏脑涨、入睡困难、胃痛、背痛、肚子痛、心悸乏力等，体检却没有发现特殊的躯体疾病。

三、小学生学习适应不良的原因

小学生学习适应不良的原因，一般有如下几个方面：

1. 依赖性强。孩子在家被父母过分照顾，生活自理能力差。父母若忽视了对孩子勇敢坚强、知难而进等良好心理品质的培养，当孩子走进陌生的学校、见到陌生的老师和同学时便产生了紧张与恐惧，不敢与人交流，甚至会产生恐学症。

2. 承受力弱。有些小学生，被家人娇惯着，事事顺着他们。因此他们到学校后，忍受不了别人的批评，心理承受力较差。当他们犯错遭受批评时，或者老师没有对他们进行表扬时，他们缺乏面对的勇气，情绪低落，学习效率低下，或者采取逃避行为。

3. 交往能力差。小学比幼儿园人际关系复杂，如果在幼儿园期间家长没有培养孩子的人际交往能力，必然会影响孩子小学阶段与同学的交流效果；如果孩子没有得到老师更多的关注，那么他们就会对新环境适应困难。

4. 无学习动机与兴趣。学生本人学习被动性强，无理想和学习目标，无学习动机；比较调皮，对学习不感兴趣，学习情绪低落。

5. 与个性有关。如果小学生比较内向、胆小、不爱说话等，也会给其学习适应增加难度。

6. 特殊事件影响。小学生遭遇父母离婚、重要亲人离世、身患重病、意外伤害等特殊事件，也会增加他们的学习适应难度。

四、改变小学生学习适应不良的策略

小学生学习适应不良，不仅严重影响他们身心健康发展，而且影响他们心智潜能的开发。家长、老师应齐抓共管，形成教育的合力，尽快解决小学生学习适应不良问题。

（一）家长方面

1. 家长经常与老师沟通，及时了解孩子在校学习情况与行为表现；向老师介绍孩子的性格特点、在家的表现，以及在幼儿园的学习、生活情况等；一旦发现异常问题，及时协同处理。

2. 家长教给孩子人际交往常识，注重培养孩子的交往技能。指导孩子严于律己，宽以待人；告诉孩子每人都有优缺点，要对同伴宽容大度，学会融入班集体的大家庭，助人为乐，共同进步。

3. 加强亲子沟通。家长要不断学习亲子沟通技巧，耐心倾听孩子的心声，密切关注孩子的情绪变化，切实了解孩子的心理动态，及时排解孩子的忧思苦恼，减轻孩子的心理压力等。

4. 调整期望值。每位家长都望子成龙、望女成凤。但是，家长对孩子的期望值一定要切合孩子的实际水平。对孩子期望过高，会给孩子造成较大的心理压力，不利于孩子成长；对孩子期望过低，不利于孩子潜能开发。因此，家长既不能把自己的愿望强加给孩子，也不能盲目攀比，一定要根据孩子的实际条件确定适当的期望值。

5. 培养自理能力。家长要学会及时放手，注重培养孩子的生活自理能力；不过分溺爱，培养孩子的自主性和独立性。

（二）教师方面

1. 激发学习动机。有些小学生缺乏学习动机和学习兴趣，不愿学习，如果老师能够在传授知识过程中，通过丰富多彩的活动或生动的授课方式激发学生的学习兴趣与学习动机，学生则会乐于学习、高效学习。

2. 讲课风趣幽默。小学生入学后，不但对学校环境陌生，而且对老师有特别的敬畏感。如果老师在讲课时，语言幽默风趣，语调抑扬顿挫，就会给课堂增添无穷的趣味性，学生的紧张感会减轻，融入感会增强。

3. 关注与指导。首先，学习适应不良的学生很在意老师对自己的看法，如果老师有意多关心适应不良的学生，就会使学生感觉到老师对自己的关注与喜爱。其次，老师不但要与适应不良的学生多接触，还要了解他们与同学的交往情况，指导他们与同学进行友好互动交流、互帮互助。

4. 营造温暖氛围。老师要注重营造班级温暖友爱的氛围，培养同学们热爱班级、热爱学校的集体荣誉感。老师通过举办每周一歌、演讲比赛、班会等形式多样的班级集体活动，培养学生对学校、对班级的归属感。

5. 提高管理水平。老师要注重管理技能学习，提升管理水平。老师在教育学生时，以表扬为主，适当施以批评，同时注意批评的技巧和言词，既要指出不妥之处，又要指明学生改正的方法与目标，保护他们的自尊心；创设各种条件，或者策划某些活动，让学生经受挫折的磨炼，逐步提高学生的抗挫折能力和自我认识能力。

03 初中生入校适应

初一女生秀子（化名），白白胖胖的、矮矮的、很敦实可爱，但是眼神忧郁，而且秀子已经 35 天没有去上学了。

{问题分析与疏导}

一个月前，秀子和她最要好的闺蜜大吵一架后，至今没有去学校上课，无论是爸妈说教，还是班主任到家来叫，甚至和她吵架的闺蜜亲自来接她去上学，她都没有重返学校。

原来秀子和她闺蜜从幼儿园到初一一直是同班好友，无话不谈。但是，初一开学不久，班里转来了一位新同学，正好和她闺蜜是同桌。秀子的闺蜜待人很热情，尤其是对新来的同学，关怀备至，秀子因此产生了被冷落感和妒忌心理。秀子觉得自己被忽略了，于是异常生气，情绪越来越低落，在接下来的两次考试中成绩接连下降。终于有一天，秀子忍无可忍，和闺蜜大吵了一场，吵完后她就收拾书包，让爸妈接自己回家了。

秀子回到家后，把自己关在屋里，大哭了一个多小时，没吃晚饭就睡了。第二天早晨，该起床上学了，她没有起床，不管爸爸妈妈怎么哄，就是不起床。睡了一上午后，虽然起床了，但是就是不去学校上课。

是什么让秀子不愿重返学校呢？

大家都知道"望梅止渴"的故事吧。曹操率领部队行军，因天气炎热，口渴难耐，士兵都体力不支，曹操急中生智，告诉士兵"前面有一大片梅林"，士兵们顿时流出口水，精神大振，加快了行军步伐。这是曹操利用了条件反射的积极作用，而秀子的情况正好相反。秀子在与闺蜜大吵之后，又回家大哭一个多小时，最后哭着入睡，梦里甚至还继续与闺蜜大吵，正是因为秀子经历了长时间的强烈刺激，所以她产生的伤心、愤怒、恐惧等消极情绪与她在学校学习建立了消极的条件性情绪反应。

解决秀子问题的杠杆解是用积极的条件性情绪反应，替代她在学校已经建立起的消极的条件性情绪反应。

找到了秀子不去上学的杠杆解后，我在心理辅导时，用专业心理咨询技术，利用秀子已有的积极情绪替换掉她已经形成的消极情绪，经过多次技术化处理，秀子能去学校学习了。

秀子对闺蜜产生"抓稻草思维"与秀子的成长经历密切相关。秀子是一个缺乏安全感与自信的孩子。秀子虽然从小学习成绩较好，但是她爸妈为了防止她滋生骄傲情绪，即便她的成绩在级部第一，也没表扬过她，总是闺蜜在第一时间向她投去欣赏的目光，并赞美她。秀子在爸妈那里得不到的"被确认""被欣赏"，在闺蜜那里都得到了，于是，秀子和闺蜜无话不谈，所以闺蜜成了秀子从幼儿园到初中的"心灵港湾"。当这个"心灵港湾"发生动摇时，秀子内心的稳定感被打乱，而新的"心灵港湾"又没有建立起来，她便会恐慌不安，甚至有惶惶不可终日之感。

{咨询效果}

在秀子爸妈的全力配合下，经过连续五次辅导、两次防复发训练强化，秀子轻松地走进了学校。

现在秀子已经是当地重点高中的一名高二学生，她性格也开朗了许多，结交了多名好朋友，她的学习成绩在级部名列前茅。

抛砖引玉 ▶

家长过度关注孩子的学习成绩，忽视对孩子良好心理品质的培养，会在孩子前进的路上埋下"绊脚石"。

一名只会拿高分的学生只能称为"会读书的人"，一名真正的好学生，除了会读书之外，还必须拥有坚强、自信、积极向上、知难而进、愈挫愈勇等优秀品质，这样他们的人生之路才能走得更远、更好。

心理科普 ▶

一、人际关系适应不良的含义

人际关系适应不良是指个体在进入新生活环境时，不能主动调试自己的心理和行为去适应新环境里人际关系的状态，也叫人际适应问题。

二、中小学生人际关系适应不良的心理表现

1. 胆怯心理。有些个性内向、腼腆的学生在人际交往中容易出现胆怯心理。他们胆子比较小，不爱说话，在和同伴的交流互动中，多数处于被动状态，有委屈总是憋在心里，不敢向家人或老师表达。

2. 自卑心理。有些缺乏自信的学生，他们在内心深处总认为自己不如别人优秀，因此他们害怕失败、害怕尝试、害怕拒绝，缺乏与人交往的勇气。

3. 自负心理。有些口才较好、才华出众、学习成绩较好的学生，因为深得家长和老师的喜爱，故而他们与同学交往时往往会表现为以自我为中心、不听从同学的意见、一意孤行、甚至表现为唯我独尊等。

4. 争辩心理。有些学生内心渴望与人交往、受人关注，从而通过争辩，甚至故意捣乱来引起别人关注，结果适得其反，人际关系一团糟。

5. 倔强心理。有些学生在遇到问题时不懂得变通，在人际交往中爱钻牛角尖、不愿妥协，常常导致人际交往中出现不可调和的矛盾，人缘极差。

6. 嫉妒心理。表现为对别人取得的成绩或长处感到不痛快或愤恨。学生在学习生涯中，大考小考接连不断，竞争不可避免，当自己处于劣势时，有的学生会表现出对优秀学生的猜疑、愤恨等心理，使得原本美好的友谊蒙上阴影，导致人际关系恶化。

7. 献媚心理。有些学生在成长过程中，受社会不良风气的影响，明显地表现出"攀权附贵"行为，对一些家境富裕、父母工作环境好的同学巴结献媚，而对家境贫穷、父母工作环境不好的同学爱搭不理。长此以往，这种学生的人际交往会受到一定的影响。

三、解决中小学生人际交往不良问题的策略

良好的人际交往是促进学生身心健康成长、加快学习适应、融入集体生活、养成积极乐观个性的重要基石。对人际交往不良的中小学生可以采用如下策略：

1. 纠正不良心理，树信心。对人际交往不良的学生，家长和老师要心平气和地和他们进行深入交流，了解他们的心路历程，对他们人际交往中的不良心理倾向予以纠正；家长或老师可以创设问题情境，教给他们人际交往的知识，逐步引导他们提升交往的能力，增强他们交往的信心和勇气。

2. 丰富活动，促发展。老师可以组织丰富多彩的班集体活动，如演讲比赛、郊游、登山、野炊、接力赛、拔河等，来调动学生的交往热情，让他们在活动中学会与同学合作、交往，促进他们良好人际关系的互动与发展。

3. 端正态度交往。老师或家长教育中小学生对待身边的人要真诚、包容、尊重、信任、理解，要彬彬有礼、热情大方、谦虚友善等，以促进良好人际关系的形成。

4. 尊重别人的价值观。由于每个人的成长经历不同，每个人的价值观也有所不同。尊重对方的价值观是良好人际交往的前提，交往中要尊重别人、求同存异。

5. 学会换位思考。教育学生在人际交往过程中，遇到观点不一致时，要学会站在对方的角度进行思考。不但要理解对方，而且要心平气和地向对方讲明自己的观点，增进相互理解。不要伤害他人的自尊心。

04 高中生入校适应

案例故事 ➡

某市重点高中高一女生兰兰（化名），喜欢看书和绘画，是同学们心中的"学霸""作文大王"，但因不能适应高中生活而休学了。

{ **问题分析与疏导** }

兰兰是个学习能力较强的孩子，学习成绩比较优秀，中考考入了市重点高中。

开学的日子到了。开学当天，兰兰的爸妈带着为兰兰准备好的一切生活用品，欢欢喜喜地送她入校。当爸妈帮她铺好被褥准备离开时，兰兰双手勾住妈妈的脖子，哭了起来。爸妈只好等到兰兰去教室集合时才离开学校。

军训的第二天下午，兰兰就坚持不住了，班主任只好让她回寝室休息。可是，到了第三天上午，兰兰仍然不肯去操场参加军训，并对宿管人员说："军训把我们每个人晒得黝黑，脚上磨出血泡，太残忍了，我才不去呢！"班主任来做她的工作，她仍然不肯去。班主任给兰兰爸妈打电话，她爸妈到校后不但没有说服兰兰参加军训，反而把兰兰带回了家。

军训结束，返校时间到了，兰兰不肯回校，但她爸爸强行把她送回了学校。兰兰到校后的第三天，她家长又接到了班主任的电话，让他们把兰兰接回家。

兰兰在寝室住下铺，平常不许别人碰她的床铺。她不会叠被褥且随意在床上放置各种小食品和衣物。学校统一检查寝室卫生时，舍长教她如何叠被子，她不学；替她叠，也不行，为此还和舍长打架。兰兰去食堂打饭时总是插队，被老师批评后仍然不思悔改；吃完饭后，学校统一要求把餐具送到指定的地点，但她总是吃完就走。

兰兰被爸妈接回家后，在家待了两个星期，整理内务也由姥姥教会了，但是兰兰就是不去学校上课。

原来，由于父母工作的原因，兰兰的衣食住行全部由姥姥负责。姥姥很注重对兰兰教育方面的培养，几乎能满足兰兰任何要求，只要她每天看书和画画。

在兰兰的房间里，内衣、袜子、外套到处都是。在她的书橱里和书桌上，书、本子、画笔等也是到处乱放。每当爸爸管教兰兰时，姥姥总是说："兰兰只要学习好就行，其他方面，树大自然直。"

对兰兰的教育，家里分化成两个阵营。阵营一：姥姥和妈妈认为尽量满足孩子的一切，树大自然直，而且她们对兰兰就是这样教育的；阵营二：爸爸认为要对兰兰从小严格要求，以好习惯养成为原则。针对兰兰当前的表现，妈妈和姥姥虽然没有公开承认她们家庭教育观的错误，但是她们内心深处似乎已经觉察到了有不妥之处。

个性优化是解决兰兰当前问题的杠杆解。兰兰以自我为中心、我行我素、无组织、无纪律、自私狭隘的个性是她不能适应学校生活的根本原因。

经过和兰兰交流，得知她的心路历程：学校经常检查评比，这让她暴露了不会整理床铺和衣物等生活自理能力差的弱点。对此，她不仅感到丢人，还感到很受束缚。去食堂就餐时，她不能忍受排队的痛苦，尽快吃到可口饭菜是她唯一的目标。

兰兰的这种自私、狭隘的消极单向思维严重阻碍着兰兰的健康成长，必须用积极向上的思维模式来代替，这样才能从根本上解决兰兰的心理问题。

当我把这些告诉兰兰的家长时，兰兰的爸爸迅速站起来，双手紧紧地握住我的手，坚定地说："全力配合!"兰兰的姥姥和妈妈也表示配合。

针对兰兰存在的心理问题，按照辅导计划，分阶段进行了心理干预。

第一阶段：认知调整。

1. 激活不怕困难、知难而进的信念。从兰兰荣获"我爱祖国"中学组绘画第一名的真实经历入手，让她讲述自己是怎样不懈努力地广泛搜集、选择素材，又是怎样深入思考、提炼素材，最后又是怎样刻苦练习并最终取得第一名的好成绩。

2. 精神升华。兰兰荣誉的取得，不仅为她所在的班级、学校，也为当地教育系统争了光。从这方面充分肯定她不仅具有较强的能力，而且具有高尚的思想境界。

3. 激活"种子"的力量。激活并强化兰兰曾经取得好成绩时的愉悦情绪和心理体验，让它们变成积极的种子，生根发芽，开花结果。

本阶段辅导结束后，兰兰向学校递交了复学申请书，经学校同意，兰兰可以正常去学校上课了。

第二阶段：良好行为训练。

本阶段的主要目标是帮助兰兰克服自己在家形成的恣意妄为、随心所欲的坏习惯，用积极的思维打破她不适应学校生活的行为模式，在学校生活中调整自己的行为。

第三阶段：防复发巩固。

本阶段，主要是巩固兰兰在第一、第二阶段已经取得的良好成果，使其适应性认知和行为能够达到顿悟后的自动化运行程度，以后遇到类似事情时，兰兰能够做到从认知到行为的自我调整。

{咨询效果}

兰兰一共咨询了七次，生活自理能力大幅提升，完全适应了高中住校生活。现在的兰兰已经是中央美术学院的一名优秀学生了。

抛砖引玉 ➡

"父母之爱子，则为之计深远。"在孩子成长过程中，切忌越俎代庖，剥夺孩子自我成长与锻炼的机会。

"温室里养不出万年松，庭院里跑不出千里马。"孩子拥有适应与发展的能力，方能在大风大浪里不断成长。

心理科普 ➡

高一新生心理适应问题的应对策略

（一）发挥家庭教育的力量

1. 树立正确家庭教育理念。家长要树立终身学习的思想，不盲从，不迷信，根据孩子的个性特点，遵循孩子心理发展的规律与特点，科学、灵活地对孩子进行良好心理品质的培养与塑造，促使孩子形成正确的"三观"，树立远大理想等。

2. 营造良好家庭氛围。孩子个性特征的形成与孩子的成长环境、生活经历密切相关，良好的家庭环境是孩子健康成长的保障。因此，家长的言传身教十分重要，身教胜于言传。

3. 与学校教育形成合力。首先，家长要主动和老师交流，谈谈孩子的成长经历、性格特征、以往的学习情况等，以便老师能针对性地对孩子进行教育，使其尽快适应高中生活；其次，家长要协助班主任教育孩子遵守学校规章制度，团结同学，积极参加班级活动等。

4. 实事求是评估孩子。家长要根据孩子的个性特征和实际情况陪伴孩子成长，不给孩子过大的心理压力。切忌伤害孩子的自尊心，要多给孩子信心，做孩子成长的坚强后盾。

5. 对孩子要有耐心。当孩子不能适应学校生活，或者远远落后于其他同学时，家长一定要有耐心。首先要了解具体情况，然后静心和孩子一起制订解决问题的方法，帮助孩子慢慢适应高中生活。

（二）发挥学校教育的主导作用

1. 让学生尽快熟悉环境，增强归属感。高一新生入学后，学校通过开展参观校园、介绍校史等活动，使学生尽快熟悉环境，消除陌生感。班级开足开好以迎新和促进人际交往为主题的班会等活动，使学生尽快适应新环境，感受到集体生活的乐趣，增强学生的归属感。

2. 加强学法指导，提升学生学习能力。学校邀请教育专家对新生进行学习方法指导；邀请已经考进名校的学生，或高二、高三学生分享他们是如何调整身心以适应高一学习生活的，提高新生的学习适应能力；学校运用各种现代教学手段，创设轻松愉快的教学情境，激发和培养学生良好的学习兴趣；老师引导学生制订科学的学习计划，教会学生合理利用时间，科学用脑；对适应困难的新生，学校要安排有关老师进行一对一帮扶，帮助学生尽快适应。

3. 加强心理健康教育工作。学校通过系列心理健康教育专题讲座、一对一心理咨询、开通心理咨询热线等形式，普及心理健康知识，缓解学生紧张情绪，减轻学生心理压力，提升学生心理素质。

第四章

情绪障碍

情绪像染色剂，能给人的生活染上各种色彩，它既能让人笑逐颜开、幸福无比，也能让人愤怒伤悲，苦不堪言；情绪又像控制器，它既能让活动加速推进，又能让活动减速慢行，甚至停滞不前。愉悦、兴奋等积极情绪是获得幸福与成功的动力，使人斗志昂扬、勇往直前；焦虑、恐惧等消极情绪则使人心灰意冷、沮丧消沉。因此，如果人们不能科学地管控好自己的情绪，就有可能产生各种问题。

青春期是青少年身心发展的特殊阶段，是青少年自我认同形成的重要时期。青少年的心理活动，从对外部世界的感知与探索，逐步转化为对自身的理解与认识，心理活动内容变得丰富、复杂。他们既想拥有自己的独立生存空间，又想依赖父母；他们的心理稳定性差，易冲动、易烦躁不安、容易发脾气。青春期是情绪心理问题的高发阶段。

青少年的情绪心理问题以强迫、焦虑、恐惧、抑郁等情绪症状为主要表现。它一般分为两大类：一类是特发于青少年时期的情绪异常，主要与青少年身心发展和境遇有关，以焦虑、恐惧、羞怯为主；另一类是非特发于青少年时期的情绪异常，主要症状及特点与成人的相关诊断没有明显区别，如抑郁症。

家长一般把青少年的情绪心理问题归因于青春期叛逆、思想问题或压力过大等，这种不能正确认识青少年情绪心理问题实质的做法给青少年身心发展带来巨大危害。

家长和老师不仅要关注青少年的情绪心理问题，还要及时对他们进行有效的情绪教育，发展他们的情绪认知能力，提高他们的情绪管理技能，进一步培养他们的情绪自我激励能力。

01 学校恐惧

案例故事 ➡

高一女生杨柳（化名），性格内向、敏感，追求完美。她从小学到初中学习成绩都是名列前茅，中考以优异的成绩考入了省重点高中，被分到了重点班。期中考试后她却不敢去学校上课了。

{问题分析与疏导}

杨柳顺利考入省重点高中，全家人都欢欣鼓舞，杨柳自己更是欣喜若狂。为了在新学校大显身手，杨柳还主动要求去衔接班学习。

进入高中后，杨柳万万没有想到，在第一次考试时，她就失去了"霸主"地位，接下来的月考成绩仍然下降。于是，杨柳感到学习压力越来越大，同时也感到同学关系紧张，觉得同学们都在孤立她。期中考试后，她就不敢回学校了，并且一听到回学校上课就浑身发抖，偶尔出现胃痛症状。

初见杨柳，她局促不安地坐在咨询室里，双手十指相扣，相互揉搓着，低头不语。

我问杨柳："你家离我这里这么远，是乘什么交通工具来的？"

她低声说："爸爸开车来的。"

"路上用了多长时间呀？"

"用了四个小时才到济南。"

"你们一路辛苦啦。"

"我还好，在车上睡了一觉，爸爸开车最辛苦。"

"你真懂事，能体会到爸爸的辛苦。"

说完这些，杨柳说话的声音逐渐大了起来，她抬起头看了看我，脸上露出了一丝笑意。我递给杨柳一杯水，她喝完水后似乎全身放松了下来，双手自然地放在了腿上。

我和杨柳从她的学习情况谈起，和她进行了深入交流后，杨柳是这样总结她的学习情况的："我喜欢学习，从小不用爸妈监督就能独立完成作业。记忆中，我的学习成绩一直稳定在班级前三名。但是进入高中后，我感觉特别累，虽然学习很努力，但是学习成绩连续下降。我发现，有的同学好像很轻松就能考出好成绩；有的同学，包括我，学习十分刻苦，也拿不到好名次。我进入高中后，首次考试就考得不好，我暗下决心努力赶上，早晨早起背诵知识点，晚上熄灯后在被窝里偷学一会儿。没有想到，我的月考成绩排名仍然在下滑。我不甘心……"

杨柳边说边流眼泪，哽咽了起来。她情绪稳定后，又继续说："我学习已经精疲力尽了，还感到同学开始孤立我了，被我超过的同学不搭理我，我正在赶超的同学也不理我，舍友对我也是爱搭不理的。"

杨柳说到这里，眼泪又涌了出来。

我回应："看得出来，你是一个积极上进的学生。为了提高学习成绩，你做出了极大的努力，因为成绩不如意，产生被孤立感，所以心生恐惧。"

"是呀，现在就像有一块巨石压在我心口，我已经竭尽全力，成绩还继续下降。现在高中刚开始，这样下去，我怎么能坚持到高中毕业呢？最近我常梦见被同学嘲笑，说我把吃奶的劲都用上了，还是赶不上他们。"

"你现在已身心俱疲，情绪低落，焦虑升高，思想消极，因对未来失去信心而心生恐惧，出现了暂时的徘徊状态。"

我和杨柳继续深入交流。

"杨柳，请你仔细想一想，现在和过去所面临的学习情况有哪些不同？"

"第一，同学的竞争力不同。小学和初中的同学，学习竞争力比较弱；高中的同学，他们都是来自全省各地的优秀生，学习竞争力强。

第二，课堂学习的知识量不同。小学和初中的知识量较少，高中的知识量变多。

第三，老师教法不一样。小学和初中的老师多采用直观教学的形式，讲解详细、具体。高中的老师注重培养学生的自主学习能力；高中学科增多，不同学科的老师教学方法不同。

第四，小学和初中阶段学习氛围比较轻松，而高中阶段学习氛围充满紧张感与压抑感。"

"是呀，面对这些新变化你是怎么做的呢？"

"学习更加勤奋刻苦，但学习习惯与方法与以前一样。"

"你能具体说说吗？"

"课堂上我全神贯注听课，边听边详细记笔记，老师的板书我每次都认真抄下来。"

"能专心听讲、记笔记很好，但是没有必要把老师的讲课内容都详细地记录下来，抓住重点、难点即可，要把主要精力放在听课上，要边听边想，有疑问时及时问老师或暂时标记下来课下再问。否则，会影响听课效果的。"

"老师，我初中时记笔记十分详细，也没感觉累，高中课堂信息量大，每节课我记笔记的手都累得麻木了。哎，我把劲用反了。"

"你是怎样写作业的呢？"

"按时独立完成作业，写完后再检查一遍。"

"写作业前，最好先对所学内容及时复习一遍；完成作业后，要对其中典型的题目进行归纳总结，以便积累更多的题型；在时间允许的情况下，预习下一节的内容。"

"我写作业前一般不复习，做完作业后不预习，更没有对典型的题目归纳总结。"

"如果能养成及时复习的习惯，就能对知识的掌握起到事半功倍的效果。睡眠充足也很重要，你的睡眠充足吗？"

"别人午睡时，我学习一小时；晚上熄灯后，我在被窝里借助手电再学四十分钟左右；我早晨第一个起床，到路灯下学习。我每天睡眠时间不足六小时。"

"你这样做会身心俱疲，学习低效，结果是事倍功半。中学生最好每天保证八小时左右的睡眠时间，至少要保证六小时的睡眠时间。"

"噢。怪不得我学习成绩下降，记忆力减退，思维迟钝呢。原来是睡眠不足导致的。"

我望着满脸困惑的杨柳，微笑着说："到高中后，需要记忆的知识量增多，只靠机械记忆是远远不够的，必须掌握一些科学的记忆方法，如联想记忆、理解记忆、歌诀记忆、谐音记忆、思维导图等。"

听到这里，杨柳一半欢喜一半忧地说："我清楚了成绩下降的原因，但是我怎么做才能快速提高学习成绩、找回初中时的高效学习状态呢？"

"你的身心状态还有什么变化？"

"压抑、紧张、失落、孤独、失衡、恐惧等交织在一起，它们都向我袭来，我是身心俱疲呀！"

"你能具体说说吗？"

"我校是省重点高中，学霸云集，我又在重点班，我内心始终被压抑与紧张笼罩着；我奋力拼搏而学习成绩不断下降，同学之间竞争厉害，令我倍感失落与孤独；曾经的学霸而今沦为后进生，而且高中刚刚开始，我内心失衡，恐惧万分。"

"在学霸云集的省重点高中，要想保住以往的霸主地位，只靠刻苦学习是远远不够的，还需要提高课堂学习效率。你的课堂学习效率怎样？"

"我开始是不服气的，暗暗努力。当发现自己的成绩越来越落后时，情绪也越来越低落，我感到特别丢人，总觉得同学们在嘲笑我，从而导致我课堂上精力不集中，学习效率低。"

"通常，在学习过程中，如果能保持宁静愉悦的积极状态，充满必胜的信念，学习就会事半功倍。如果情绪消极悲观，预期失败，学习就会事倍功半。"

"唉，我原来一直很自信，可是一到高中就遇到当头一棒，而且节节败退，自信心被打跑了，消极情绪笼罩着我。尤其是当我感到被同学孤立时，消极的情绪就像一座无形的大山压得我喘不过气来。我进入高中后，恐惧感与日俱增。"

"你很坚强，一直坚持到了期中考试。"

杨柳的眼泪在眼眶里直打转儿。我接着说："首先，要学会心态调整。高效学习是在积极愉悦的情绪状态下发生的，当心情烦躁时，可以用深呼吸法、肌肉绷紧放松法、注意力转移法、冥想法等来保持良好的学习心境。其次，加强体育锻炼，身体是学习的保障，课间操、体育课等一定不能落下。每天睡觉前坚持适量运动，既有利于促进睡眠，又有利于缓解一天的疲劳。"

深度交流后，她深深地吸了几口气，然后双手自上而下地捋胸口。

我见状急忙问："你不舒服吗？"

杨柳笑了起来："我很舒服，感觉堵在胸口的那块石头开始融化了，心里敞亮了许多，背上也轻松了，浑身上下通透了。"

我也笑了，因为我知道，用不了多久，杨柳的生活就会步入正轨。

{咨询效果}

杨柳一共咨询了六次。第四次咨询后，杨柳的期末考试成绩提升了六个名次。

现在的杨柳，已经从上海外国语大学毕业了。

抛砖引玉 ➤

情绪低落会引起学习效率降低，导致学习成绩下降，继而情绪再度低落，形成恶性循环。解决该类心理问题的杠杆解是打破恶性循环，调整认知，改变心理状态，用积极情绪代替消极情绪。家长和老师最好能做到未雨绸缪，为孩子身心健康发展筑起一道坚实的防护长城。

心理科普 ➤

避免恐学症发生的有效方法

1. 做好新学期开学前的准备工作。为避免假期综合征的产生，学生开学前两周要调整生活、作息、学习节奏，与学校作息制度保持一致，并制定新学期切实可行的学习计划，以饱满的精神状态迎接新学期的到来。老师和家长要重视并做好衔接阶段的相关工作，给孩子及时的指导和帮助。

2. 培养孩子良好心理品质。恐学症的产生，除了遗传因素外，还与学生的成长经历有关，与家长的教育方式有关。因此，家长应培养孩子坚强、勇敢、乐观、勤劳、知难而进、愈挫愈勇等优秀心理品质。

3. 掌握心理教育知识。家长和老师都应该学习未成年人心理健康教育常识，懂得未成年人身心发展的特点与规律，知晓未成年人常见的心理问题及正确的解决方法。

4. 尊重孩子个性发展。每个孩子都是独立个体，都具有不同的个性特征，家长要根据孩子实际情况给予合理期望，不要给孩子增加不必要的心理压力。

5. 寻求专业心理指导。有些学生的恐学症心理问题比较严重，需要找专业的心理咨询师给予快速调整与辅导，以减少或停止对学生的心理伤害。

02 考试焦虑

案例故事 ➤

高三男生木子（化名），性格内向，生活自理能力强，比较自律。木子学习非常努力，平时周考、月考都能正常发挥，但是重要考试容易产生考试焦虑情绪，发挥失常。升入高三后，随着高考日益临近，木子的焦虑情绪也在加剧。

{问题分析与疏导}

木子的爸妈都是高学历的成功人士，平时工作都特别忙，尤其是他爸爸，经常加班。木子从小就是一个乖孩子，生活自理能力比较强，学习比较自律。他从小学习成绩一直名列前茅。但中考时，木子的物理考试发挥有些失常。

原来，在中考前，木子一家召开了一次家庭会议，讨论木子报考哪所高中。最后，大家一致同意木子报考有全国物理名师的一所重点高中，那一年这位名师正好带高一新生。按照木子的学习成绩，考入这所重点高中十拿九稳，可木子还是担心考砸了，因为他对这位闻名全国的物理名师太崇拜了。

临近中考，学校进行考前大练兵，木子对本次模拟考试信心满满。但是木子万万没有想到，物理考试中的第一大题的最后一道小题竟然成了他的"拦路虎"，木子的内心开始紧张，越紧张越没思路，越没思路越着急，他在这道小题上用时十分钟后，只好将其暂放一边，继续往下做。让他没有想到的是在做倒数第二题时，又出现了"拦路虎"，他苦思冥想才做出本题的前两问，只能抓紧做最后一题，可是，他对这道题一点思路都没有。离交卷时间还有20分钟，他既想做前边没做的题，又想检查已做过的题，心神不定，他心跳开始加速、全身出汗，最后拿笔的手也不停颤抖，白白地浪费了最后20分钟。虽然老师评价这次考题偏难，但一向严谨、自律的木子却懊恼不已。自此以后，每次物理考试，木子的心里都特别紧张，经常发挥失常。

进入高三以来，木子在每次重要的考试前都会出现不适的生理反应：口腔溃疡、牙龈肿痛、嗓子疼、眼睛上火、感冒等。在考试过程中，他一直处于紧张、焦虑之中。不只是物理，其他学科也如此。

他告诉我："焦虑如影随形地粘住了我，时而扰动我的身体，令我不安；时而钻进我的心里，掌控我的心跳和呼吸。我从小对物理感兴趣，我想大学毕业后从事物理科学研究。高考临近，我好害怕在高考考场上出现大脑空白、视力模糊、手颤抖的情况，请张老师帮我解决考试焦虑问题，我要考出我正常的水平，考入我理想的大学，这样才有可能从事物理科研工作。"

我和木子深入交流后，木子对引起他考试焦虑的刺激点进行了梳理，并对导致他产生焦虑的原因进行了总结。

（一）考试焦虑刺激点梳理

1. 走进考场看到监考老师时，开始紧张；

2. 老师发放试卷时，心跳加快，手心出汗；

3. 答题时，特别小心谨慎，暗示自己别犯低级错误等，高度紧张；

4. 老师在考场内走动时，听到脚步声会感到恐惧，老师的脚步声越大，我的心跳得越快，拿笔的手也会颤抖；

5. 考场内，听到同学们的答卷声、翻卷声，我就感觉自己又要输给他们了，感到视力模糊；

6. 遇到难题时，更加紧张，大脑空白。

（二）考试焦虑的原因总结

1. 认知偏差。认为平时成绩好，大考一定能考好，这不切实际。原因是命题人的命题意图、命题思路与考生的知识结构、解题能力不一定完全同步。

2. 知识因素。对个别知识掌握不牢固，在用到相关知识解决问题时，不能快速而精准地检索到该类知识，导致解题时间过长，甚至没有思路。

3. 情绪因素。考前与考中难以控制情绪。考试不顺会情绪低落，并容易产生消极思维，焦虑值升高，以至于看到老师发试卷就紧张、遇到难题就恐慌等。

4. 动机过强。对自己要求苛刻，只允许考好，不允许考差，在考前和考中大脑处于高度紧张状态，出现了心跳加速、手心出汗、呼吸急促、大脑空白等情况，导致考试成绩更加不理想。

据此，针对木子的考试焦虑问题，我用专业心理技术进行了现场干预。

1. 进行认知调整。木子明白了自己考试焦虑的源头是认知性情绪和条件性情绪，进而从思想认知上接受了调整。

2. 专业训练辅导。我使用心理咨询专业技术，对木子的心理进行深层次调整，逐一对他的考试焦虑刺激点进行临床心理训练辅导，直到他对各个刺激点无焦虑情绪产生或者有中度以下焦虑为止。

3. 适应中调整。对木子做完训练后，让其回到现实考试环境去适应调整，并根据木子在实际适应中出现的情况进行防复发辅导。

{ 咨询效果 }

对木子的辅导一共进行了七次，不仅彻底解决了木子的考试焦虑问题，而且对木子的学习方法进行了优化升级。通过高考，木子如愿以偿地考入中国科学技术大学。

抛砖引玉 ➡

学生要想取得理想的考试成绩，不仅需要熟练掌握书本知识，还要拥有良好的心态；不仅要有解决问题的认知策略，还要具备积极向上、知难而进、愈战愈勇等良好的心理品质。其实，考试是对学生智力因素与非智力因素的综合考查，尤其是对心理素质的考查。

心理科普 ➡

一、考试焦虑的表现与产生原因

（一）考试焦虑的表现

考试焦虑发生时会出现一系列的生理和心理反应，如肌肉紧张、心跳加快、血压升高、额头出汗、手脚冰凉等生理反应，胆怯、自卑、苦恼、烦躁、无助、担忧、恐惧等心理反应。严重者甚至出现耳鸣、头痛脑涨、呼吸困难、尿急、尿频、呕吐、腹泻、昏厥等症状。

（二）考试焦虑产生的原因

考试焦虑产生的原因主要有：

1. 期望值过高。考生想超水平发挥，但力不从心，从而产生紧张和焦虑情绪。

2. 准备不充分。考生对所学知识掌握不够牢固，理解不深刻、不透彻，心理准备不充分，当试题内容与自己的知识储备不相符时，会紧张、焦虑。

3. 缺乏自信。考生自信心不足，害怕被淘汰，害怕成绩不理想，担心被同学超越，担心被家长和老师训斥从而产生考试焦虑。

4. 身体状态欠佳。考生考前失眠、过度疲劳、生病等，也容易产生考试焦虑情绪。

5. 不会心态调整。绝大多数考生，缺乏心态调整方面的知识与技能，遇到焦虑反应时不能自行调整。

6. 家长的压力。有的家长按照自己的期望塑造孩子并不断施压，孩子难以达到父母的要求时心理压力就会增加。

7. 老师的压力。老师对部分学生寄予厚望，学生也希望考出好成绩以谢师恩，这种心态会使学生的压力增加。

8. 同学竞争。学生之间存在着竞争，久而久之有的学生会产生无形的心理压力，从而导致考试焦虑情绪的发生。

二、避免考试焦虑产生的有效方法

1. 正确认识考试。考试是对考生现有知识水平、掌握并运用知识解决问题能力的一种综合性测验。考生应把考试当成一种特殊作业，而不应当成自己成才的唯一出路。

2. 做好充分准备。考生应做好知识储备，牢固掌握所学知识，及时复习；考生要做好心理准备，争取考好，但能考什么样就是什么样；考生还要做好其他准备工作，如了解考试范围，看清考试时间、地点等。

3. 学会心态调整。考生在考试前进行积极自我暗示，提升自信心；在平时学习一些调整心态的方法和技巧，如情绪宣泄法、肌肉放松法、正念冥想法、风景想象法等。

4. 请求专业帮助。当考生产生考试焦虑，老师和家长不能及时帮助解决时，尽快请专业心理咨询师帮忙解决。

03 抑 郁

案例故事 ▶

初二女生刘欢（化名），13岁，是家里的长女，她有一个两岁半的弟弟。刘欢学习成绩中等，性格内向。她在小学五年级前，能主动和同学交往；此后几乎不与同学交流。班主任发现刘欢上课易走神，从其作文中发现刘欢有厌世思想，同学们也发现她常常偷偷地哭泣。精神科医生诊断刘欢患有中度抑郁症，建议她做心理咨询。

﹛问题分析与疏导﹜

初见刘欢，她低着头，头发遮住了眼睛，含胸驼背，双臂放在胸前，腿有些微微抖动。我递给她一杯热水，她羞涩地接过，并从头发缝里瞟了我一眼。刘欢慢慢喝完这杯水后，抖动的腿几乎不抖了。

刘欢告诉我："爸爸平时工作忙，在家时间较少，但他在家时只会逗弟弟玩，从来不管我的事。妈妈生完弟弟后，经常生病，天天照顾弟弟，也顾不上我。我成了家里多余的人，没人管，没人问，没人要。

在学校里，同学不理我，老师也很少搭理我。小饭桌的张阿姨待我很好，那次我在小饭桌发高烧，是她把我送到医院的。平时张阿姨接送我们时，她总是牵着我的手。每天同学们回家后，我为了和张阿姨多待一会儿，主动帮她打扫卫生，她每天都给我多留一份水果。如果我和她同时离开小饭桌，她总会把我送到家门口。

我上初中后，离张阿姨的小饭桌远了，没人关心我。在这个陌生的学校里，没人理我。同桌经常欺负我，随便拿我的笔盒，她还在桌上画一条线，我的胳膊过线，她就用笔尖扎我。她过线后，我用手推她胳膊，她就用脚很用力地踩我。我忍受着她的折磨，不敢告诉别人。

总之，家里添了弟弟以后，我一直在黑暗中生活。除了张阿姨，没人真正喜欢我。我除了上厕所，哪里也不愿去。周末回到家里，也不愿意出房间。我什么优点都没有，连爸妈都不想要我了，我是多余的，是累赘，真不如……"

刘欢已经产生了自杀念头，幸亏细心的班主任发现了她的异常。我对刘欢做了以下辅导：

（一）调整认知

第一，调整对爸妈的认知：自从家里添了弟弟后，你倍感遭受冷落。其实家人怕你受到惊吓，向你隐瞒了这样一个实情：你妈妈因生弟弟，一度处于病危状态，全家的生活因此全乱了套。你爸爸在医院陪护你妈妈五十多天，这让年幼的你认为自己被爸妈抛弃了。

第二，在学校，你受到个别同学欺负，不代表所有同学都对你不好，有的同学注意到你常常在没人的地方偷哭，就告诉了班主任；班主任关注你在校的表现并及时和家长联系，表明老师是很关心你的。

第三，学会自我保护。任何人都享有管理、保护自己生命和私有财产不受侵犯的权利。你可以先提醒你的同桌，不经你的允许不能私自动用你的东西。她若不听，你要及时告诉老师和家长，她这样做会受到学校惩罚的。

第四，至于你认为自己没有优点，连爸妈都不想要你，同学欺负你等，这是你焦虑值升高、敏感所致。你看非亲非故的小饭桌阿姨都那么喜欢你，还每天多留一份水果给你，并把你送到家门口，说明你很可爱。妈妈生病、弟弟太小，爸爸一个人照顾不过来，不是不要你了。你同桌欺负你是她的不良行为，你把情况如实向老师反映，相信老师会处理好的。

对于以上四点，刘欢边听边点头。

（二）训练行为

第一，感到痛苦时，说出来。当你感到内心痛苦时，要敢于向家长或信任的人说出来，让别人了解你的需求和心声，以便能及时帮助你。

第二，受欺负时，敢制止。同桌再在课堂上扎你的胳膊和踩你脚时，要大声制止她。老师和同学们都在场，她会受到老师的批评和同学们的谴责。总之，请你记住当你受到欺负时，在保证生命安全的情况下，要智慧地采取一些行动来制止伤害自己行为的发生。

第三，有困难时主动求助。在家里有困惑时，可以主动请求家长帮你解惑。在学校遇到难题时，要主动向老师或同学请教。

第四，多交朋友。你平时要主动和同学交流，这样不仅能增进彼此间的感情，还能取长补短促进自己进步。

第五，主动融入生活。在家里，做完作业就主动照顾弟弟，如弟弟哭闹时去抱抱他、给他讲故事、一起看画书、陪他玩积木等。妈妈生病时，帮妈妈端水，给妈妈洗脚，提醒妈妈准时吃药等。在学校，主动加入到集体的各种活动中，如主动申请参加学校或班级组织的兴趣小组等。

针对刘欢当前的情况和她的个性特点，我们共同讨论出以上五点，并列出了行动日程表。她每天每做完一项，就奖励自己一面小红旗。爸妈和班主任是监督员，监督一个学期。

（三）激活心动力

我通过专业的心理咨询技术，激活刘欢对学习和生活的心动力，使其对未来充满希望和信心，并和她一起制订了她的学习生涯规划，还帮她找到了她的学习榜样和理想大学。一艘小船，一旦找到了自己的航向和目标，加上足量的油，它定能乘风破浪，勇往直前，直达理想彼岸。

{咨询效果}

对刘欢经过三个阶段共十一次心理辅导后，她在家里不仅有事能向爸妈请教，而且还抽空和妈妈一起照顾弟弟，家里的欢声笑语也多了起来；在学校，刘欢也能主动和同学交流了。班主任老师还有意识地安排她做语文科代表。

对刘欢的心理辅导，不仅有效避免了她心理危机事件的发生，而且把她从重度抑郁症的边缘拉了回来，使一棵面临厄运的小树转危为安，并茁壮成长起来。现在的刘欢已经是一名大学一年级学生了。

抛砖引玉 ▶

抑郁症主要表现为情绪低落、思维迟缓、运动减少，但青少年的抑郁症具有隐蔽性和缓慢性特点。青少年抑郁症患者经常感觉身体不适，一到学校门口、教室就感觉头晕、恶心、腹痛、四肢无力。家长误认为这是孩子青春期逆反、学习压力大造成的，是在为厌学找借口，反复对其进行思想教育，结果导致孩子的心理问题加重。

再好的治疗也比不上有效的预防。家长和老师要尽量为青少年创造宽松和谐的学习、生活氛围，尽早发现情绪问题，尽早解决，防止情绪问题进一步恶化为情绪障碍，从根本上提高青少年的心理承受能力及处理情绪问题的能力，帮助他们平稳度过情绪问题的高发期。

心理科普 ▶

一、青少年抑郁症的表现

1. 精神萎靡。他们对生活无兴趣，精神持续疲乏，注意力不集中，记忆力下降，学习不能持久，思维迟钝，动作迟缓，联想困难。他们不愿参加集体活动和平时感兴趣的活动，遇事优柔寡断，沉默不语，生活懒散。

2. 悲观厌世。他们内心充满悲观感、罪恶感、无价值感和无助感。他们的自我评价较低、思维消极，他们把成绩不理想和失败的原因归结于自我无能，致使情绪低落、苦恼忧伤、兴趣索然，甚至有度日如年、生不如死的感觉。最危险的是他们可能会有自杀企图和行为。

3. 回避对抗。他们表现为闭门独居，关闭心门，回避社交。即使父母、老师或同学做出主观努力，他们也做出冷漠的反应或不反应。他们的生活杂乱无章，不整理自己的房间、不洗脸、不洗澡、不换洗衣服、不完成作业等，甚至夜不归宿、离家出走。

4. 情绪烦躁。该类青少年有的持续处于紧张、恐惧状态之中，无刺激因素也是整日坐卧不安；有的易激动，情绪不稳，无论见什么人、遇什么事都心烦气躁，动辄就发脾气。

5. 躯体症状。该类青少年有的出现睡眠障碍：入睡难、易醒、多梦，常伴随乏力、心悸、多汗等症状；有的出现恶心、头痛、腹痛、腰背肢体疼、胸闷等症状。但是，他们到医院检查均无器质性病变。

6. 敏感多疑。患有抑郁症的青少年常表现为疑心较重。如果他们发现几个同学在一起讨论，就会以为是在议论、谩骂、取笑自己；他们在日常学习与生活中，处处谨小慎微、蹑手蹑脚，甚至说话都很小心。

二、青少年抑郁症的治疗方法

目前治疗抑郁症的主要方法有心理疗法、药物疗法、运动疗法、生活疗法、食物疗法等。

（一）心理疗法

通过心理疗法打开心结，缓解心理压力，建立自信心，使青少年的思维、感受、自我认知等再成长，达到内心有力量与恐惧感共处，有能力去应对外部环境，进而使抑郁症状逐渐减轻直至消失。

（二）药物疗法

青少年抑郁症患者，可以通过药物来治疗抑郁症，缓解紧张、抑郁情绪，减少疾病的发生，减少抑郁症的复发等。

（三）运动疗法

据研究，每周运动三次即能有效防治抑郁症，且复发率很低。可根据青少年的具体情况，选择一个或多个项目长期进行锻炼。防治抑郁症，以有氧运动为主，一般不宜做大强度的剧烈运动，如有比较明显的身体和心理不适，应该同时进行心理治疗和药物治疗。

（四）生活疗法

1. 早睡早起。早睡早起可有效预防青少年抑郁症发生。第一，它能使身体的新陈代谢通畅，促进肝脏排毒，防止内分泌失调，有助于身体健康；第二，它能够保证睡眠充足，不仅有助于精力充沛地投入到学习中，而且会减少因睡眠不足而导致的烦躁、冲动等不良情绪；第三，它有利于保持身体固定的生理周期和规律的良性循环。

2. 培养积极心态。培养积极乐观的生活态度，能有效缓解或治愈青少年的抑郁症。让他们有意识地去做一些让自己开心、有价值、有意义的事情，如听音乐、晒太阳、雨中行、唱歌、读书、旅游、健身等，让他们振作起来，抵御消极的思维模式；也可让他们尝试做些有创意的活动，如绘画、写作、做手工、编织等，借此表达内心且让自己感到快乐等。

（五）食物疗法

有些食物含有维生素 C 和钾离子，维生素 C 具有消弭慌张、安神的作用，钾离子有稳定血压与心情的作用，可食用富含维生素 C 和钾离子的食物缓解或减少抑郁发生的次数。

总之，抑郁症是一种可防、可治的心理疾病。青少年处于社会化初期，心理不成熟，难以处理复杂的社会问题，容易患有抑郁症。因此，大家要高度重视青少年的心理健康状态，根据他们患抑郁症的原因，对症下药，采取正确的治疗措施，帮助青少年患者早日康复。

04　强迫症

案例故事 ▶

初三男生韩子（化名），性格内向，追求完美，学习成绩较好，人际关系良好，深受父母、老师、同学的喜欢，是老师、父母眼中的好孩子。他最近一段时间总是不由自主地转动笔杆，这使他心烦意乱，无法专心学习，特来咨询。

{问题分析与疏导}

韩子初中入学成绩是班内第一名。他初一、初二学习成绩较稳定，但是初三学习成绩有所下降，初三第一学期期中考试成绩竟然下降到班级第七名。

期中考试后，韩子的情绪十分低落，回到家里闭门大哭，任凭爸妈怎么叫，就是不开门。第二天他早早起床补昨晚的作业。眼看快要迟到了，他爸爸是个暴脾气，大声呵斥他。他的数学作业最后一道题没有做完就流着眼泪上学去了。

第一节是数学课，课堂内容是讲解昨天发的练习卷上的题目。数学老师比较喜欢韩子，为了提高韩子的学习积极性，在讲到最后一道题时，特意提问了他。韩子这下慌了，他还没有做呢，他既没有说话，也没有站起来，老师和同学们都很诧异地望着他。老师又叫他一遍后，他才慌忙站起来，可是他张口结舌，没有回答上来。老师没有说什么就让他坐下了。可是这一整节课，韩子几乎什么也没有听进去。

中午回到家，韩子顾不上吃饭就开始补上午没有听进去的课。他爸爸看到饭菜快凉了，又冲韩子发火，直接把书从韩子手里夺过去并训斥他："你在学校不好好学，在家用功有用吗？"这时韩子号啕大哭起来。

从此以后，韩子坐在教室里，脑中就会不由自主回想他在数学课上回答不出问题的场景，于是不停地转动笔杆，心烦意乱，无法学习。在家学习时也是如此。三个月后，他绝望地待在家里不去上学了。

我和韩子详细交流后，问他："你知道望梅止渴的意思吗？"

韩子说："简单地说就是想到梅子会流口水，就不会口渴了。"

"嗯，为什么想到梅子能止渴，而想到桃子不能止渴呢？"

韩子听到我这样问他，笑着说："吃过梅子的人都知道梅子是酸的，酸得让人流口水呀，而桃子不会让人流口水。"

"嗯，是这样的。吃过梅子的人，即便以后不再吃梅子了，一听到别人说'梅子'或者想到'梅子'，就会不由自主地流口水。这在心理学上叫作条件反射。你不停地转动笔杆和望梅止渴……"

我还没有说完，韩子就问："老师，我的情况是否也与条件反射有关呢？"

"你真是个爱动脑筋的好学生。现在请你结合自己的经历，思考目前无法安心学习的原因吧。"

韩子双手托腮，想了一会儿说："我那次数学课上，没有回答出问题，感到无地自容，随手转动起笔杆以掩饰内心的焦躁不安。从此以后，只要坐下学习，脑中就不停回放课堂上回答不出问题的场景，心情无比烦躁，无法静心学习，我就不由自主地转动笔杆，并且转动的时间越来越长。老师，真的是那次课堂上发生的事情与我的学习之间建立起了条件反射吗？"

"是的。它们已经建立起了条件反射，也叫条件性情绪反应，是通过后天的学习建立起来的。同样，也可以通过后天的学习，把不适应的消极的条件性情绪反应消除掉。"

"老师，怎么这么快我就建立起了消极的条件性情绪反应了呢？"

"条件性情绪反应在长时间微弱的刺激作用下，或者在短时间猛烈的刺激作用下，都有可能建立。你是由于课堂上回答不出问题的猛烈刺激，加上中午因学习被训斥的刺激强化，从而高焦虑情绪与学习建立起了条件反射，致使你一进入学习场景，焦虑值就升高，于是你烦躁不安地反复转动笔杆。"

"老师，我释然了许多，我还以为我就此完蛋了呢，原来条件反射既可以建立，也可以通过学习消除掉。"

韩子明白了自己的问题产生的原因后，我又引导韩子总结比较了他现在的学习心境与之前的学习心境的不同之处：

1. 以前在课堂上和家里学习，建立的是积极的条件性情绪反应。

学习场景（刺激）—轻松愉悦（情绪）—思维敏捷（反应）。

2. 现在在课堂上和家里学习，建立了消极的条件性情绪反应。

学习场景（刺激）—焦虑、担心、恐惧（情绪）—不能静心学习、反复转动笔杆（反应）。

针对以上变化，我用专业心理辅导技术当场对韩子进行了体验式疏导，降低他学习的焦虑与恐惧情绪，使他逐步回归到愉悦、轻松的学习状态中，能集中精力高效学习。

{咨询效果}

第一次辅导后，韩子的焦虑情绪减少了许多，可以回到学校正常学习了。

经过五次辅导，韩子逐步找回了以前愉悦、轻松的学习状态，能把主要精力转移到学习上。韩子反复转动笔杆的强迫行为虽然偶有发生，但是转动的次数越来越少，慢慢消失了，而且他的学习比以前更高效了。

三个月后回访得知，韩子的学习成绩逐步提升到了班级前三名。

抛砖引玉 ➡

强迫行为与强迫症只有一步之遥，若任其发展就会很快发展成为强迫症，一定要高度重视。老师或家长发现孩子出现强迫行为时，要本着早发现、早干预的原则寻求专业帮助。

心理科普 ➡

如何缓解强迫行为？

强迫行为会对学习和生活造成一定的影响，会影响日常生活质量，影响学习潜能的发挥，对青少年的危害很大。缓解强迫行为可以从以下几个方面进行：

1. 改变认知。改变强迫行为，首先从思想观念上改变。对于追求完美的人，要让其明白：对待每件事情，可以认真细致，但是十全十美几乎很难做到。在生活上以放松、舒适为主，不需要有严格的生活标准。

2. 顺其自然。顺其自然，为所当为。每个人或多或少都存在些强迫行为，当觉察到自己有强迫行为时，不必太恐慌和在意，要顺其自然，带着症状继续做该做的事。当你顺其自然时，内心焦虑就会降低，强迫行为会慢慢减少。

3. 积极暗示。研究发现，心理暗示对人的行为和心向起着一定的导向作用。当你觉察自己有强迫行为或强迫意念时，立即加强自我暗示，相信自己能去掉杂念。

4. 注意力转移。当强迫行为发生时，在可能的情况下，选择自己平时最感兴趣的活动，如大声唱歌、跑步、打球、骑车、听音乐、读书、做瑜伽等，有意识地将注意力转移开，做自己的主人。

　　5.及时求助。如果出现较严重的强迫行为，已经影响正常的学习和生活，要立即找专业的心理咨询师进行心理咨询。

第五章

不良行为问题

中小学生在学校和家里发生的不良行为，一般有说脏话、打架等攻击性行为，说谎、抄袭作业、考试作弊等欺骗性行为，乱扔垃圾、乱涂乱画、故意损坏他人财物等破坏性行为，迟到、早退、逃避劳动等惰性行为，自私、不合群、以自我为中心等意识性行为，抽烟、喝酒等不良嗜好等。

01 打架行为

案例故事 ➡

一年级男生木木（化名），入校不到半年，几乎与班里所有同学都打过架，为此学校的领导、老师都十分头疼。无奈之下，学校领导请木木的妈妈全程陪木木在校学习。可是在他妈妈陪读的第十天，就在他妈妈去卫生间的空隙，他又把同学打哭了。

{问题分析与疏导}

经过了解，木木的爸爸处于失业状态，他妈妈是一位较有成就的民营企业家。木木爸妈的关系不融洽，他爸爸性子慢，他妈妈脾气暴躁，二人在家里"战争"不断。

木木上幼儿园前，跟爷爷奶奶一起生活；到了上幼儿园年龄，他爸妈把他接回到身边。由于木木妈妈工作忙，经常早出晚归，木木大多由他爸爸接送，家务活也都由他爸爸承担。但是，他妈妈常常对他爸爸不满意，家里经常弥漫着浓浓的火药味。

木木从小身体健康，性格外向，活泼好动，语言表达能力强，但是比较急躁。入学后，他常常在课堂上随意走动，如果谁违背了他的心意，他就立刻拳脚相加教训谁，有时他下手很狠，打得同学鼻青脸肿；他每次受到批评，都立刻说改，但总是改不了。

一天上午，木木一家三口来找我。值班人员一打开大门，木木就径直往楼上跑，他爸爸在后面追。我听见动静，急忙出来看，看到了木木父子二人追逐的情景。

我首先和木木爸妈进行了约一刻钟的交流，然后我让木木来到我面前，我问他："木木，你想当班长吗？"木木的头摇得像拨浪鼓似的，响亮地回答："不可能。我是个坏孩子，我想当，绝不可能当上。因为老师、爸妈和同学都说我是个坏孩子。"

"你想成为一个好孩子吗？"我接着问他。

"以前想成为一个好孩子，现在不想了。因为大家都说我是一个说到做不到的坏学生。"

"如果现在我有办法让你当上班长，成为一个说到做到的好学生，你愿意吗？"

木木愕然不语。

他看了看我，又看看爸妈。我马上说："我相信木木能做到。"他爸妈也学着我的样子说："我相信木木能做到。"

这时木木越来越靠近我，我攥着他的小手，用慈祥而渴望的目光看着他，用商量的语气问他："木木，咱们从现在开始，试试好吗？"

木木很高兴："好呀！好呀！"

我对木木说："请你记住，关键时刻要听我指挥。"

木木用水灵灵的大眼睛望着我，不住地点头。

我故意给木木说："请你说一遍我刚才说的话。"

木木大声说："关键时刻听您指挥！"

我和木木相视而笑，连击三掌。

我安排助理和木木做"抢板凳"的游戏。前三轮故意让木木抢到板凳。三轮以后，不但不让木木抢到板凳，还故意踩掉木木的鞋。当木木的鞋被踩掉时，只见木木攥紧双拳，朝助理猛扑过去，我猛地大喊："木木，关键时刻听我指挥，请放下腿——真棒！松开拳头——真棒！"然后，大家一起为木木鼓掌！木木的小脸蛋兴奋得像个小苹果。他有些不好意思地向我跑来，我快速伸开双臂，笑着迎了过去，拥抱了一会儿后，我拉着他的小手在大厅里转了好几圈，然后我俩又相视一笑，连击三掌。他爸妈也走了过来，他一下子扑到了妈妈的怀里，用水灵灵的大眼睛看着妈妈，笑了起来。四轮、五轮、六轮……重复同样的游戏内容，直到木木对抢不到板凳、被踩掉鞋等不再产生暴力行为和不悦情绪。

游戏结束后，我特意让木木坐在我办公室的大座椅上，我们其他人都坐在他周围的矮椅子上。木木先是往前伸着头、很好奇地瞪大他那水灵灵的大眼睛看着我们每个人的脸，接着他身体往后一靠，很惬意地靠在大座椅的后背上，很享受的样子。

我问木木："刚才你想打人时，你脑子里想的是什么呀？"

木木声情并茂地说："当时我想，她欺负我，我要教训她，让她尝尝我的厉害！"

我接着问木木："那你怎么没有打她呢？"

木木看着我说："我正想打她时，听到您的指令，我就照做了。"

我立刻说："当你想用脚踢人时，就放下脚；当你想用拳头打人时，就松开拳。"

然后，我让木木重复了三遍。大家都面带微笑地看着木木，一起鼓掌。

此时的木木靠在座椅上享受着被大家赞赏的美妙感受，他双手轻轻地放在胸前，面带微笑，眯着双眼，慢悠悠地晃动着自己的身体。

休息五分钟后，为了进一步固化木木已经松动的暴力思维和思想认识，我安排助理仍然以做游戏的形式和木木互动。我和木木的爸妈进行了深度交流。

我问木木的爸妈："从刚才的游戏以及我与木木的交流互动中，你们两个看到了什么？"

木木的妈妈说："他听您的，不听我们的。我们经常告诉他不能打人，打人要受到惩罚，都不管用！"木木的爸爸却说："您很有耐心，很有技巧，向您学习！"

我看着木木的爸妈，认真地说："爸爸比较虚心，而且在考虑自己该怎样做才能利于木木好转；妈妈也很想让木木尽快适应学校生活，但是还没真正静下心来审视自己的言行对孩子的影响。"

木木的妈妈感到不好意思，坐在椅子上晃动了好几下身体，她的脸红了。

我又认真地说："既然你们相信我，我要从心理教育的角度，根据木木的现状，如实告知你们我对木木的诊断情况。……"

还没等我说完，木木的妈妈抽泣了起来。

过了几分钟，我说："在家庭教育中，孩子的心理教育做好了，孩子才会健康成长。但是心理教育工作需要家长的言传身教，更需要家长用春风化雨般的语言，温柔而耐心地引导孩子，而不是简单粗暴地训斥与打骂孩子。"

这时，木木的妈妈看着我，欲言又止。

我问她："您有困惑？请讲！"

木木的妈妈说："我明白，但还是难以控制自己的情绪。"

我慢慢地说："嗯，情绪这个'怪物'，确实有时让人难以驾驭，但是只要真正认识到了情绪失控的危害性并下定决心调整就能见效。刚才你们亲眼看到了我对木木所做的引导，咱们具体分析一下，我对木木的引导过程：

第一，我首先和木木建立了较好的信任关系，他愿意与我合作，这种信任关系建立的前提是我激发起了他的兴趣或者愿望，是他自己想要的——当班长，做个说到做到的好学生。

第二，是在愉快的氛围中进行的。否则，他心门关闭，不但不能起作用，而且还会适得其反，破坏亲子关系。

第三，我俩事先商定了一个他愿意接受的指令——关键时刻，听我指挥。

第四，我给他输入了一组正确的程序性知识引导他如何去做：想实施暴力行为时，放下脚、松开拳，并且对他做出的努力及时给予肯定。

第五，及时积极强化。我采用了多种方式进行强化，比如用拥抱、鼓掌、击掌、称赞等方式，让木木耳目一新，印象深刻。

第六，创设新奇环境。让他坐到我的大座椅上讲述他改正不良行为的心理体验，他俯视大家，大家仰视他，以增强与强化他的自尊心与自信心，让他产生被尊重、被欣赏的美好心理体验等。

做到以上几点，在木木的心里会留下一个印象较深的愉快体验。这些都是提升木木自尊心、自信心的'育种'过程，是培养木木良好心理品质不可或缺的途径，这既有利于发展良好的亲子关系，又能对木木的良好行为起到很好的固化与引领作用。"

木木的妈妈身体前倾，目不转睛地看着我。过了一会儿，她激动地说："听您这样分析，我觉得很科学，我以前多数用命令或指责的语气，而且没有考虑过他的感受。结果，不但没有达到预期效果，反而把情况弄得越来越糟，我以后要按您的方法去做。"

{咨询效果}

对木木的辅导，开始每周三次。连续辅导一个月后，木木能做到上课遵守纪律，不打骂同学。后来又强化辅导了四次，每周一次，辅导结束时，木木的班主任已经安排木木当轮值班长一周了。

四十天后，助理回访木木的妈妈。木木的妈妈十分感激地说："现在木木真变了，他主动管理班里的绿植，按时浇水，还帮助同学们打扫卫生，他现已被同学们选为副班长了。我们十分感谢你们，真诚地谢谢你们！"

抛砖引玉 ➡

家庭环境对孩子的成长具有潜移默化的作用。家长的言行在不经意间会影响孩子。家长为孩子创造良好的成长环境，给足孩子心理营养，培养孩子的良好心理品质，才是孩子成才、成功必备之道，才是智慧父母的正确选择。

心理科普 ➡

避免学生发生打架斗殴行为的有效方法

1. 法制教育。老师要对学生进行有关法制教育，如进行《中华人民共和国刑法》《中华人民共和国治安管理处罚法》等法律法规的教育。

2. 培养情绪管控能力。培养学生管控自己情绪的能力，在一定程度上起到防患于未然的作用。一方面，学校可以邀请心理专家给全体老师和学生进行情绪管理知识、技能培训，有专职心理老师的学校要上足上好心理健康教育课；另一方面，老师要主动学习与掌握情绪管理的方法，以身示范，在与孩子良好的互动中影响孩子。

3. 暖心教育。对有打架斗殴行为的学生，老师要用爱心与耐心对他们进行教育、引导，使学生感到暖心，心灵受到触动，从而愿意改变。对待这些学生，老师不能简单地认为是思想品德问题而对他们进行粗暴地训斥、处罚，以免给他们造成精神压力，引起反抗心理。

4. 利用集体的力量。老师可以利用集体的力量影响有打架斗殴行为的学生，使其养成良好的行为习惯。老师可以通过郊游、艺术节、运动会等丰富多彩的活动培养学生的人际交往能力，使他们体验到自身的能力及价值，使他们的才华有机会得到展示，从而满足他们的精神需要，他们的打架斗殴行为自然会减少；老师有针对性地安排好结对子互助帮扶工作，促进学生行为发生改变等。

5. 加强心理健康教育。学校加强学生的心理健康教育工作，配备专职心理咨询师，建立心理咨询室，开通心理信箱和心理咨询热线等，开设心理健康教育课，提升学生的自尊心和自信心，培养学生宽容豁达、克己忍让、热情、真诚等优良品质，使学生能够做到求同存异、相互欣赏。对存在心理问题的学生开展团体辅导和一对一心理辅导等。

02　逃学行为

案例故事 ➡

初一男生小伟（化名），13岁，学习成绩很差。初一开学不到一个月就开始逃学，已经连续一个多月没去学校了。

{问题分析与疏导}

经过了解，小伟的爸妈平时工作比较忙，小伟从小就经常一个人在家里玩，形成了内向的性格。

小伟在小学阶段，学习成绩一直很差，作业不能独立完成。但是他爸妈总是以忙为借口，不管不问。老师也拿他没有办法。

上初中后，小伟一进教室就感觉不舒服。为了逃避学习，小伟连续逃学一个多月。

我和小伟谈起他逃学的情况，小伟很淡定地说："这很正常。我在小学也常常这样做，从逃半节或一节课开始，到逃半天或一天课。上初中后，课那么多，自习时间那么少，我一进学校就像带上了紧箍咒，实在是受不了了，所以才逃课的。"

"噢，谢谢你的坦诚。可是从你说话的语气和情绪，我感觉到你也许是遭受了一些自己无法摆脱的痛苦，不得已才逃课的。"

小伟听到这里，呼吸急促，眼泪夺眶而出，顺着脸颊往下流。

过了一会儿，小伟慢慢地说："我其实也想做一名好学生。小学时贪玩，不知道学习，结果常常遭到老师和同学的轻视。我有好多次想好好学习，可是有些课我根本听不懂。我坐在教室里，看到同学们都在快乐地与老师互动，而我却像个傻子，坐在教室后面的角落里，因听不懂老师的讲课内容而不知所措。于是，我在课堂上睡觉和看小说，也因此经常被罚站、写检讨。我感觉自己毫无人格尊严。我爸妈只知道挣钱，也不管我的学习，我常常从早到晚都见不到爸妈的人影。"

小伟在"控诉"着，时而哽咽，时而号啕大哭。

过了许久，小伟又说："我有好多次想从头再来，但是爸妈对我放任不管，老师说我是三分钟的热度。我在家孤独一人，问个问题都找不到人；在学校，同学们看不起我，说我这么简单的题都不会；要求爸妈给我报辅导班，老师说我基础太差，跟不上教学的进度。升入初中，学科更多了，我在教室里非常煎熬，我这辈子算是完了。"

小伟又哽咽起来。

这时，我从小伟的极度痛苦与委屈中看到了希望。

等小伟心情平静下来后，我安慰他："我看得出，你现在确实想改变你的现状，但是苦于暂时没找到适合自己的好方法，于是用逃学办法来麻痹自己。"

小伟一下子坐直了身体，气愤地说："老师和爸妈，他们怎么不能理解我呢！如果他们能像您这样理解我就好了。"

我说："每位老师都有各自的教学任务，而且老师不一定都系统学过心理教育专业知识，你爸妈也不懂心理学知识。对于初中生来说，有些学科不是你想学好就能一下子学好的，而是需要一个循序渐进的过程，就如同盖大楼，地基没打好是盖不起大楼来的。"

小伟有些着急地说："我该从哪开始做呢？"

我慢慢地说："从哪开始做，这真是一个非常关键的问题。

第一，按部就班地补习学科知识，先从你感觉难度最小的一科补起，如语文，将所有课余时间都用在语文上，等语文赶上学校的进度后，再选一门难度较大的学科，暑假时集中攻下它。

第二，初中新增学科，如历史、地理、生物，这些学科对同学们来说几乎都是从零基础开始的，你要认真学好每一堂课。

第三，让过去成为历史。你要撕掉身上被贴的各种负向标签，重新规划自己的未来。你要考虑长大后成为什么样的人，并一步步地努力去做，做自己命运的主人。"

小伟兴奋地说："我本来已经万念俱灰了，听您这样分析，我内心又射进了一缕缕阳光，又萌生了一丝丝新的希望。"

{咨询效果}

对小伟的辅导，一共进行了十二次。小伟不但不逃学了，而且能高效学习语文、历史、地理、生物四门课程。初一下学期时，他的学习成绩上升到班级中游行列。小伟现在已经是某重点高中高二的学生了。

抛砖引玉 ➡

美国心理学家贝科尔认为："人们一旦被贴上某种标签，就会成为标签所标定的人。"如果一个孩子被贴上"差生"的标签，就可能影响其学业的发展，并可能导致他人生观、价值观、世界观发生扭曲。

家长与教师，应重视未成年人的心理健康教育，关注未成年人身心全面发展，尽可能挖掘未成年人身上的闪光点，用赏识的眼光去看待所有未成年人，让他们感受到温暖并努力成为最好的自己。

心理科普 ➡

避免中小学生发生逃学行为的有效方法

（一）家庭方面

1. 端正教育态度。家长要端正教育态度，改变教育方法，掌握亲子沟通技巧，耐心倾听孩子的心声，和孩子一起制定克服困难的办法，相信孩子，陪伴孩子，这样孩子就会越来越好。

2. 加强家校沟通。一方面，家长要与班主任保持联系。家长可根据孩子的特点，请老师给孩子安排力所能及的任务，使孩子有归属感。另一方面，家长要多向各学科老师请教，一起分析孩子学习困难的具体原因，以便有针对性地采取措施，解决问题。

3. 注重学习提升。父母应该掌握孩子不同年龄阶段的心理发展特点，能根据孩子的个性差异因材施教。父母要学习亲子沟通技巧，成为孩子的心灵密友，用心陪伴孩子健康成长。

4. 优化家庭环境。家庭对孩子有吸引力、父母对孩子有亲和力，这才是孩子健康成长的理想家庭环境。因此，家长要注重优化家庭环境，加强亲子沟通，可有效预防孩子逃学现象的发生。

5. 补充心理营养。家长要知道孩子逃学的根本原因，及时给孩子补充心理营养，这也是预防逃学行为的良方。

（二）学校方面

1. 培养目标多样化。学校可通过开展丰富多彩的集体活动对学生进行多层次培养，充分发挥每个学生的潜能。

2. 抓好特殊阶段的教育与管理。小学一年级、初中一年级、高中一年级这三个特殊阶段的教育与管理十分重要。在特殊阶段，未成年人很容易出现适应心理问题，他们需要老师的关爱与疏导，老师要培养他们养成良好的学习习惯、升级优化他们的学习方法等。

3. 提高课堂教学质量。老师要提高课堂教学质量，使课堂活起来、动起来，以高尚的人格魅力和渊博的学识增强对学生的吸引力。

4. 加强监督管理。学校对学生上课情况加强监督是解决学生逃课问题的必要手段。学校要做好学生日常考勤登记，对违反校规校纪的学生要坚决处理。

5. 加强思想教育。要对未成年人加强思想教育，使他们养成自觉遵守校规校纪的习惯，还要对他们加强学习目的与动机教育，使他们养成自主学习的好习惯。

（三）学生自身方面

1. 培养兴趣。兴趣是最好的老师，青少年要注重自己对学习兴趣的培养。

2. 提升自信。自信心如同生命的引擎，只有充满自信，不懈努力，前途才能越来越光明。

3. 树立远大理想。理想是人生的灯塔，也是自立自强的内驱力，未成年人要从小树立远大的理想，要有远大的目标。

03 盲目追星

案例故事 ➡

初中二年级学生秀秀（化名），非常迷恋周杰伦，最近学习成绩直线下降。为此，她的爸妈十分着急，但是秀秀表现得无所谓。

{问题分析与疏导}

初见秀秀，她体型高偏瘦，短发齐耳，描着弯弯的柳叶眉，涂着鲜红的口红，穿着美特斯·邦威休闲套装。

以下是我俩的部分对话内容：

"我在学校上课，爸妈突然闯入学校，非让我来见您不可。"秀秀愤愤地说。

"噢，原来你是被他们强迫来的呀。"

"是呀，他们都认为我现在越来越不务正业啦。"

"他们说你不务正业是什么意思呢？"

"他们说我不好好学习，指责我盲目追星呗。"

"你能详细谈谈吗？"

"他们都认为我过分崇拜周杰伦。我只不过喜欢听他唱歌而已。我喜欢模仿他唱歌，喜欢穿他代言的服装，房间里贴满了他的照片，书架上摆满了他的专辑，我还偷着去看他的演唱会呢。"

"嗯，自己认准的事，你会全力以赴地投入时间和精力去做，有专注精神。那你能分享一下你的收获和感受吗？"

"收获？我从没想过，不过那种感觉真好！要不是总是被爸妈打扰，感觉会更好！"

"嗯。你有音乐特长吗？在音乐方面拿过大奖吗？打算在音乐方面继续发展吗？"

"我没有音乐特长，也没有考虑过在音乐方面发展，但是我就是喜欢听周杰伦的歌，尤其是在特殊时期，它帮我度过了那道坎儿。"

"噢，特殊时期？那道坎儿？我有些跟不上你的思路了。"

"您知道吗？我刚上初一时，我妈妈去上海进修了，爸爸工作也特别忙，很晚才回家。在家里，只有奶奶经常陪着我，可是在初一第二学期期末考试前，奶奶突然病故了，我心里的依靠一下子没有了。有一天中午，在放学的路上，突然下起瓢泼大雨，我没有带伞，迅速跑到一家书店里躲雨。雨越下越大，书店里一直循环播放着周杰伦的《菊花台》……"

她一边哭一边哼唱着歌词，最后泣不成声了。

过了好一会儿，秀秀又接着说："那时，我觉得这首歌是周杰伦专为我唱的，真是唱出了我的心声啊！除了他，谁能真正理解我呢？回到家后，我买了周杰伦发行的所有专辑。从此，我在家时、在上学的路上都会听他的歌。再后来，我写作业的时候听，自习课的时候也听。虽然我被老师教育过多次，但是我改不了。我的房间里、书橱里摆满了周杰伦的专辑、周杰伦在世界各地举办演唱会的信息资料，我的书桌上、书上、铅笔盒上贴满了周杰伦的照片，我还喜欢穿周杰伦代言的服装。"

秀秀说完后，如释重负地深深地吸了好几口气。

过了好一会儿，秀秀的情绪稳定后，我们俩又继续交流起来。

"秀秀，听了你的故事，我很感动。我感觉你追星的过程其实是安放自己心灵的过程，它是你在特殊条件下产生的一种遇到知音的心路历程。

那为什么家人都不支持你呢？"

"他们不支持我，一方面因为我在这过程中花费了大量的时间和金钱，为了看周杰伦的演唱会，我把我的'小金库'都花光了；另一方面因为我为此荒废了学业，学习成绩从班级前十名成了班级倒数第六名。"

"那你对以上两个方面是如何看待的呢？"

"说实话，开始我不以为意，后来也觉得自己做得有些过分，尤其是现在的学习成绩令我十分尴尬，我觉得在老师和同学面前很没有面子。"

"那你现在打算怎么办呢？"

"我也曾多次想调整自己的状态，但是我做不到，调整过程中，我会心神不宁、头晕目眩、心跳加速，好难受啊！但是，只要我一听周杰伦的歌，症状就减轻许多。"

"你已尝试调整自己的状态，只是效果不理想而已。如果从此咱们共同努力，借助心理咨询技术的力量进行调整，能较快达到你想要的状态的话，你是否愿意积极配合？"

"我愿意试试！"

"周杰伦的歌曲，在你特殊时期确实对你起到了陪伴作用。但是请你思考一个问题：你心无所依的根源究竟是什么？"

"我心无所依的根源是奶奶去世。"

"嗯，除了这个因素，还有一个，请你再仔细想想。"

"我想不起来，还是请您指导吧。"

"一个人的成长，包括生理和心理两方面的成长。内心强大的人，无论遇到多大的困难，最终都能把自己变成自己的'靠山'，阻挡人生的风风雨雨。"

"如果能这样，真是太好了！可是我怎样去做才能把自己变成自己的'靠山'呢？"

"升华自我，补足精神营养。你对周杰伦比较了解，请你给我介绍一下他的经历好吗？"

秀秀把周杰伦的经历讲了一遍，我禁不住为秀秀的精彩讲述鼓掌。秀秀的小脸蛋兴奋得像个红彤彤的大苹果。过了一会儿，我说："你从他的经历中，得到什么启发？打算怎样面对现实呢？"

"我要勇敢面对我当前的困境，分清利弊，调整自己，我要把自己变成自己的'靠山'。我对偶像的盲目崇拜，既浪费了金钱，又浪费了我的时间，荒废了我的学业，得不偿失，追悔莫及。"

"那你打算如何调整呢？"

秀秀深思后总结出以下四点："第一，面对现实，重新制定自己的理想目标；第二，积极配合，调整好自己的心理状态；第三，把落下的课程尽快补上，争取尽快恢复到以前的最佳状态；第四，多读书，向榜样学智慧，强大内心，开阔视野。"

前期，我对秀秀连续做了五次辅导，秀秀建立了新的心理平衡，恢复到了理想的学习状态，她的学习成绩逐步提升，盲目追星的态度也逐渐转变。

{咨询效果}

秀秀是个学习力较强的学生。一个月后的期末考试，她的排名提升了五个名次。一个学期后，秀秀的学习成绩进入了班级前十名。中考时，她以优异的成绩考入了当地某重点高中。

现在的秀秀正在某重点大学攻读博士学位。

抛砖引玉 ➡

未成年人进入青春期后，会出现焦虑、躁动、逆反等心理现象，他们为了缓解这种焦虑与躁动，为了获得心灵安宁或者寻找寄托，便可能会出现追星现象，甚至会盲目追星，若不及时、科学处理，就会影响他们的学业和成长。必要时，需要对他们进行心理疏导，使他们的精神得到升华。

心理科普 ➡

一、青少年追星的心理原因

1. 解决"我是谁"问题。青少年进入青春期后，由于生理和心理都迅速发展，自我同一性角色混乱，需亟待解决"我是谁"的问题。在寻求自我同一性的过程中，他们需要一个看得见、摸得着的活生生的形象作为自我的代表。如果在家庭教育或学校教育中没有找到自己的榜样人物，就可能会寻找自我欣赏的明星，当作理想自我和未来自我。

2. 寻找安全感和归属感。物以类聚，人以群分。青少年在追星的道路上，会认识许多小伙伴。这为他们的不安提供了避风港，他们会把内心一些未被满足的需求、被压抑的感情、无法追逐的梦想等通过"追星"来发泄或填补，以增加内心的安全感。

3. 摆脱父母控制。青少年通常认为自己已经长大了，渴望摆脱父母的控制。但是，他们的生活经验与能力有限，还无法离开父母而独立生存，这使他们感到很苦恼。因此，他们用"追星"的方式来达到独立自主的目的，渴望摆脱父母对自己的控制。

二、避免青少年盲目追星的有效方法

1. 重视榜样引领，树立标杆。家长和广大教育工作者，在家庭、学校、社会教育中，有意识地改变教育理念，给青少年树立正确的人生导向，注重对他们进行正确价值观教育，引导他们从盲目追求娱乐明星转移到敬重科学家、人民英雄、时代楷模等，树立正确的追星观。

2. 重视学习内容，占领思想"根据地"。思想支配行动，家长和教育

工作者要教育青少年不但要扎实学好课本知识、积极参加社会实践，还要重视学习科学知识。同时，还要给他们丰盛的精神食粮，不但要引导他们学习民族英雄大无畏的英雄气概、学习中国人民解放军战士保家卫国的爱国情怀，而且还要引导他们以科学家为榜样，树立为富国强民而兢兢业业、投身于国家建设的鸿鹄大志。

3. 升华精神，拓宽视野。家长和教育工作者要尊重青少年，给足他们表达的机会，然后循循善诱、因势利导，使他们逐步明白盲目追星只会消磨斗志，枉费美好青春时光；要用偶像的闪光点去激励青少年，使他们的精神得到洗礼与升华，让他们明白越努力越幸运、人生越卓越；转移青少年的注意力，陪伴他们共同阅读，使他们的理想得到升华，进而拓宽他们的眼界。

4. 倾听心声，引导行动。教育就是影响，就是用心灵撞击出心灵的思想火花。家长和教育工作者要善于倾听青少年的心声，建立起沟通的桥梁，只有洞察其心，才能观其行，才能导其行，才能避免青少年盲目追星。

5. 营造环境，助力成长。家庭、学校、社会共同给青少年营造一个良好的成长环境。孩子盲目追星，多是家长关心和陪伴不够。家长要从自身做起，以身作则，放下手机、关闭电视，带着孩子去户外亲近自然，和孩子一起捧起一本书，共同进步。

04 校园欺凌

案例故事 ▶

五年级男生马小龙（化名），11岁半，浓眉大眼，较胖，性格外向，健谈，学习成绩较差。他因纠集同学打架致使一名同班同学左眼差点失明，被学校纪律处分。

{问题分析与疏导}

马小龙的爸爸和妈妈是民营企业家，平时工作特别忙。从马小龙一岁开始，他爸妈就外出打工，马小龙由性格暴躁的奶奶抚养长大。马小龙上小学二年级时，他奶奶不幸去世，马小龙的饮食起居则由保姆负责。

马小龙一到我的咨询室就四处张望，看完墙上张贴的内容后，又对我仔细打量。我示意他坐在我对面的沙发上，他若无其事地坐下，如同一位参观者。

我问他："你来到这里，有什么感觉？"

他说："环境很温馨，感觉您很亲切，但是我爸妈为什么带我来这里？难道我得了神经病吗？"

我笑着问他："神经病，你怎么会想到这个词？"

"我看您这里张贴的都是心理咨询相关的内容，来做心理咨询的不都是患有神经病的吗？"他回答。

我看着他笑了："你很真诚，敢于说出自己真实的想法，很好。"

他不屑地说："男子汉，敢说敢当。"

我趁机说："一般被动来这里的人都会感到疑惑，像你这样能真实说出自己感受的却不多。但是，心理问题不等于神经病。"

马小龙疑惑地看着我，我趁机向他介绍："心理有时也会像身体一样生病，但心理问题不同于身体疾病，它会间接改变人的性格、情绪及人生观、价值观、世界观等，使人长期处于意志消沉、暴躁易怒、恐惧、焦虑、人际交往困惑等状态中而不能自拔，影响日常的工作、学习和生活。

心理问题根据其严重程度来分，可分为一般心理问题、严重心理问题、可疑神经症等。一般心理问题如果得不到及时解决，可能会发展成为严重心理问题或心理疾病。"

马小龙听得很认真，听完后他突然说："听您这么一介绍，我觉得我有一般心理问题。我常常觉得自己很了不起，是个大英雄，但有时又觉得自己很差劲，愤怒的情绪难以控制。"

我马上回应："嗯，你能具体说说吗？"

马小龙说："我不想说，想起来就生气。"

"你有多生气呀？"我故意刺激他。

他说："我看到不顺眼的人时，就会强制他按我的要求去做，指责他，甚至拳打脚踢教训他；内心充满了愤怒，甚至有气炸了的感觉。"

我紧接着说："嗯，听起来你是深受其苦了。你仔细想一想，这种被强制、被指责、令你越来越愤怒的感觉，最早在你哪个年龄段、在什么情况下发生过？"

马小龙双手攥拳，二目微闭，喘了口大气说："奶奶常常打骂我，是奶奶打骂我的时候……我和奶奶一起生活七年，奶奶也是最疼爱我、最关心我的人。我不听话时，奶奶就打骂我，打完我她还心疼地抱着我哭。我也生气，我生气的时候就去外面跟小朋友打架……"

马小龙边说边流泪，最后竟呜呜地痛哭起来。

过了一会儿，马小龙的情绪稳定了下来，我边递给他纸巾边说："唉，这些不顺眼的人或事，是你生气的刺激点吗？……"

还没有等我说完，马小龙就说："岂止是刺激点，简直是一根大毒刺，牢牢地插在我的'情绪开关'上，控制着我的一切。"

"嗯，这个大毒刺威力够大的。"

"是呀，它让我吃尽了苦头。上学前，在楼下玩耍时，有些叔叔阿姨就告诉小朋友：'离马小龙远一点，他会打哭你的'；在学校，我也会与那些看不顺眼的同学打架，老师知道后，我就会被罚站。但我实在是控制不住自己啊！"

他喝了几口水后又接着说："几天前，我对我班那个'窝囊废'忍无可忍，他不像个男子汉，办事磨磨唧唧的，他说要给我一套精装版《斗罗大陆》，过了快一个月了，他还没给我，我叫其他班同学把他打了一顿。"

我问他："那结果呢？"

马小龙说："结果，用力过猛，把'窝囊废'左眼打出血了，被老师发现了。"

"那再后来呢？"

"再后来，校长把我叫去，还有派出所的警察，一起对我进行了批评教育，让我爸妈承担'窝囊废'所有的住院治疗费用。我爸爸带'窝囊废'去了北京最好的医院治疗。"

我问他："你后悔吗"

他说："后悔了。可是我现在还是想不明白，他是那么不顺眼，难道不该打吗？虽然我知道出手太重并叫其他班同学一起打架是我不对，但下次再碰上这样的事，我怕还控制不住自己。"

"你想控制自己吗？"

马小龙点了点头。

我趁机问："如果你想控制自己的想法满分是一百分，你觉得你现在得多少分？"

"有一百分吧。"马小龙回答。

"那好，咱们先想一想大毒刺的毒性来自哪里？"

"来自愤怒的情绪。"

"那是什么激起了你的愤怒？"

"不顺眼的人或事。"

"不顺眼是不顺谁的眼？不顺眼的筛选标准是什么？"

"当然是不顺我的眼。筛选的标准我没想过，好像凭我的感觉吧。"

"奥，是你感觉不舒服的。请你想一想，你感觉舒服的，别人感觉舒服吗？"

"那不一定。"

"是呀。那别人强迫你，如果你不听话就对你拳打脚踢，你会怎样？"

"我会更愤怒，更不舒服，会以牙还牙。"

"是呀。以牙还牙的结果是两败俱伤，但是，有办法可以避免。"

"什么办法呀？"

"当你感觉别人不顺眼时就反问自己：别人看他顺眼吗？老师和同学是怎样对待他的？我也能同别人一样不跟他计较，让别人看到我是宽容大度的！"

马小龙瞪大眼睛，吃惊地看着我说："我像别人一样对待他，不跟他计较，那是我宽容大度？我从没这样想过！"

"那你现在就想一想，试试看。请你按照我的引导去做。请微微闭上眼睛，做三个深呼吸。深吸一口气，慢慢地、慢慢地、慢慢地吸——气，吸满后屏住气坚持一会儿，1、2、3、4、5、6、7，好，开始慢慢地、慢慢地、慢慢地吐——气；再来一次，慢慢地、慢慢地、慢慢地吸——气，屏住气坚持一会儿，1、2、3、4、5、6、7，好，开始慢慢地、慢慢地、慢慢地吐——气；再来一次……现在开始想前几天发生的事情，你看到那位'窝囊废'同学，答应你的事他不去办，已经快一个月了，越看他越不顺眼，越想越来气。正想去教训他时，转念一想这是他的个性，他对谁都这样，同学、老师都没有因为这个教训他，他们能做到，我也能做到。我不教训他，不跟他计较，这是我心胸宽广、自控力增强的表现……"

马小龙配合得很好，很投入。过了一会儿，我让马小龙睁开眼睛。我问他："你现在感觉怎样？"

"我感觉好舒服，"他边说边揉了两下眼睛，"哎，这次我想到'窝囊废'时，好像愤怒减少了一半多。当我听到'我不教训他，不跟他计较，这是我心胸宽广、自控力增强的表现'时，我不但感觉不到愤怒，而且心里美滋滋的，越听越觉得美滋滋的，好办法！"

我趁机让他把这些心路历程详细地写出来并大声读给我听，他声情并茂地连续读了三遍。

然后，我又趁机告诉他："当大毒刺的毒性发作时，第一，换位思考：我因'不顺我眼'教训别人，别人因'不顺他眼'教训我，我的感受如何；第二，改变思路：不跟他计较，这是我格局大，是我自控力提升了，是我进步的表现。"

马小龙又问我："老师，当大毒刺的毒性太大时，这一招不管用，那该怎么办呢？"

我高兴地说："好问题，咱们一起想想该怎么办？"

过了一会儿，他突然说："老师，我想起来啦，想后果。"

"好办法，那后果有哪些呢？"

马小龙一一说来："罚站、挨训、写保证书、被老师训、被爸爸打、被妈妈责骂、被同学嘲讽、赔礼道歉、被学校开除、进少管所……"

我故意问他："啊，你怎么知道这么多的后果？你想要哪个？"

"有的是我已经遭受过的，有的是正在遭受的，有的是爸妈告诉我的。这里面的哪一个我都不想要。太丢人了。"

我追问他："你不想要，那该怎么做呢？"

"我想想后果，换位思考吧！"

我故意对马小龙说："我没有听明白，请你再详细说一遍。"

马小龙大声说道："当大毒刺的毒性较大，换位思考不管用时，我就想后果会怎样。为了避免丢人现眼，我要忍，'忍'是我不跟他计较，是我格局大，是我自控力提升了，是我进步的表现。"

马小龙说完后，我对他报以掌声。

第二次辅导，主要激发他的读书兴趣，对其进行人生观、价值观、世界观认知调整。

第三次至第十一次辅导的目标是扫除马小龙的学习心理障碍。

{咨询效果}

经过十一次辅导，马小龙再也没有与同学打过架，班主任说："马小龙逐渐变成了解决同学冲突的调解员"。再后来，马小龙当上了班长，成了班主任的"得力助手"，学习成绩也逐步提高了。

现在的马小龙，已经是某大学一年级的学生了。

抛砖引玉 ➡

父母之爱子，则为之计深远。但有些家长，在孩子需要陪伴时，不顾一切地为经济富足而打拼；结果是经济富足了，孩子的心田却荒芜了，追悔莫及，只能亡羊补牢，用金钱来弥补对孩子教育的过失。但是，有些能弥补，有些却永远没有机会弥补了，悔之晚矣！

心理科普 ➡

一、孩子可能正遭遇校园欺凌的主要表现

家长平时要多关心孩子的心理状态和行为表现，若出现下面这些情况，家长要高度警惕。

1. 身体伤痕。如果孩子身体出现各种人为伤痕，如淤青、抓伤及其他伤痕，那很可能是孩子受到了暴力侵害。家长要注意，如果孩子经常穿着长袖衣服，即便是酷热天气也如此，可能是孩子想遮掩伤痕。

2. 丢失或损坏。如果发现孩子经常丢失一些饰物、文具等个人物品，或者发现孩子的衣服、书包等物品经常有破损，那么家长就要留心了。

3. 如厕习惯改变。如果孩子非得回到家才上厕所，也表明孩子可能受到暴力侵害。学校厕所位置特殊且不易受到监控，很容易成为校园暴力发生的场所。

4. 自尊心受挫。家长要注意观察孩子的情绪。如果孩子经常带着伤心、沮丧情绪回家，或回到家看到父母就无缘无故地哭，或孩子变得过分依赖家长，或变得孤僻、没有自信等，这些也是孩子可能遭遇暴力侵害的表现。

5. 自我伤害倾向。如果发现孩子有任何形式的自我伤害倾向，家长都要予以高度重视，及时带孩子找专业心理咨询师寻求帮助。

6. 不愿上学。如果孩子极其不愿意上学，甚至出现逃学、装病请假等现象，这可能是孩子在学校受到别人排挤、欺负，不愿意回到让其感到不适的地方。

7. 睡眠出现问题。家长如果发现孩子突然有失眠、梦中惊醒、尿床等问题，那孩子受到暴力侵害的可能性也较大。

二、应对校园欺凌事件的方法

1. 人身安全永远是第一位的，不要去激怒对方。必要时，向路人呼救求助，采用异常动作引起周围人注意。

2. 一定要保持镇静，不要惊慌。可采取迂回战术，尽可能拖延时间，有勇有谋地保护自己。

3. 当自己和对方的力量悬殊时，可通过理智和有策略的谈话，或借助环境使自己摆脱困境，如向人多的地方跑等。

4. 当自己和对方的力量相当时，可以考虑使用警示性的言语击退对方的企图；但要避免使用恐吓性的言语，以免激惹对方的逆反心理。

5. 一定要及时跟家长和老师沟通，不要忍气吞声，一个人默默承受身体和心理上的痛苦。

6. 出现害怕上学、害怕出门、交友焦虑等情况时，需要及时向专业心理咨询师求助。

第六章

个性发展问题

个性是比较稳定的心理特征和心理倾向性的总和。中小学生的个性还不稳定，容易受周围环境的影响而产生认知偏差和心理偏差。中小学生常见的个性发展心理问题有偏执、依赖、回避、拖延等。

01 偏执个性

案例故事 ➤

16岁高一男生王舒（化名），学习成绩较好。他因与同寝室同学关系紧张，近两个月经常失眠，上课注意力不集中，成绩下降，要求休学，且伴有自杀倾向。

{问题分析与疏导}

那是一个阳光明媚的上午，王舒在爸妈的陪同下来到我的咨询室。王舒坐在我斜对面的沙发上，上身坐得笔直，微仰着头，眼睛直视天花板。他爸妈相互对视后，看看王舒，又看看我。我感觉咨询室里的氛围有些沉重，于是让王舒爸妈先到休息室里休息。

我接了一杯水，放在王舒身旁的茶几上，王舒立即把目光转向我，礼貌地小声说："谢谢您。"

我小声地说："王舒，听说你的学习成绩一直不错。"

王舒不屑地说："我的学习成绩是不错，但有些同学总是妒忌我，孤立我，我总感觉有一张无形的网笼罩着我，让我有一种窒息感，觉得活着没意思。"

"关于同学妒忌你、孤立你，你能具体说说吗？"

"在学校，我感觉有些同学，由于他们学习成绩不好，就想办法孤立学习成绩好的同学，我就是他们孤立的对象之一。我们寝室共住六个人，早晨起床，我有时因睡得较沉而听不见起床铃声，他们从不叫醒我，因他们的成绩都没有我好而妒忌我，他们是特意商量好不叫醒我的。"

"嗯，还有吗？"

"去食堂吃饭，他们不喊我一起去。"

"还有吗？"

"上体育课分组活动时，他们也不和我一组。"

"还有吗？"

"凡是需要分组活动的，我总是被孤立。"

"他们是特意商量好的吗？你是怎么知道的？"

"一开始同学们都叫我起床和参加活动，后来他们都不叫我了，肯定是他们商量好的，要不怎么都不叫我了呢？"

我问王舒："你有被孤立感大约多久了？"

"这种感觉在小学时不明显，初中明显一些，到高中更明显了。"

"王舒，你平时和同学们交往多吗？有几个好朋友？"

"我平时和同学们交往很少，一般不主动找同学玩，除非同学们找我玩。我只有一个好朋友。"

"王舒，你能具体描述下笼罩你的那张'无形的网'是怎么回事吗？"

"上高中后，我明显地感觉到被同学疏远，比较孤独，胸口发堵，像有一张无形的网如影随形地笼罩着我，我无法摆脱它，甚至有窒息感。这张网使我的生活枯燥乏味，让我感到学习无意义，生命无价值。"

"你考虑过出现这种情况的原因吗？"

"我觉得同学们年龄越大，坏心眼越多，尤其是那些差生，他们就应该佩服学习成绩好的同学，他们也应该主动关心和照顾学习成绩好的同学。"

"嗯，你为什么这样认为呢？"

"在家里，我爸妈从小叮嘱我，要当个学习成绩好的学生，只有学习成绩好，才能赢得别人的尊重；学习成绩不好，就要为学习成绩好的学生服务一辈子；在学校里，老师总是喜欢学习成绩好的学生。因此，我觉得只要学习成绩好，就能活得理直气壮。"

"你一直学习成绩较好，现在感觉生活得怎样？"

"我倒霉，遇到了素质这么差的同学，他们没有能力考出好成绩，就想办法孤立我、妒忌我、折磨我。"

"嗯，你班里还有学习成绩比你好的同学吗？"

"有两名同学比我学习成绩好。"

"他们也被孤立了吗？"

"一位同学喜欢课下和同学们说笑，好像生活得很开心，一点也不严肃，不像有大学问的样子，我看不惯；另一位同学是文学社的社长，爱讲幽默故事，课间有许多同学围着她转，我觉得她爱处处显摆自己。"

"嗯，这两位成绩比你好的同学，他们面对的同学和你面对的同学是同样的吗？"

"是呀，可是同学们都围着他们转，却……"

王舒说不下去了。

我趁机说："同学们围着他们转，却不围着你转，真正的原因你仔细想过吗？"

"我没想过。我觉得这根本用不着自己去想，我只负责好自己的学习就行了。"

"学生抓好学习是本分。但是良好的人际关系有利于学习成绩的提升，有利于改善并保持愉快的学习心境，进而使学习更高效。你和你班那两位成绩较好的同学同样是学优生，但你们却有着截然不同的心境，如果你只停留在找外因，那只会使自己的心情变差，甚至厌恶生命；如果你能静心

内省，也许会发现情况有所转变，你觉得呢？"

我们进行深层次交流后，只见王舒双手托腮，闭目静思了好久。然后，他慢慢地说："您这一说，我回想自己做过的一切，觉得我陷入了只要学习成绩好就能一好百好的狭隘思维里，并且以此来评价所有的同学，我思维有些偏执。这是既可怕又可笑的！"

王舒说完，闭上眼睛，双手交叉放在胸前，急促地喘着气，泪水顺着脸颊流淌了下来。时间在一分一秒地流逝，咨询室里只能听到我俩的呼吸声。过了许久，王舒慢慢地睁开了眼。

"张老师，我突然想起曾经有位老师对我也说过类似的话，当时我把它当成了耳旁风，认为老师对我有偏见，也想让同学孤立我。可今天您和我这样交流，促使我跳出偏执思维的怪圈，重新看待我自己。"

我看着王舒，笑着说："中学时期是青少年自我意识发展与形成的关键期，会有意识地对自己或他人的言行进行评价。如果他人的言行符合自己的评价标准会心情舒畅，否则就会情绪低落、心情烦躁。但由于中学生阅历有限，对自我和他人的评价容易出现偏差，导致认知偏颇，长此以往则会形成偏执个性。一旦陷入自以为是的旋涡里，就会只看到别人的不足，产生委屈、孤独、烦恼、困惑等各种消极情绪，会感觉被一张无形的网所笼罩，致使身心俱疲，感觉生活无意义、生命无价值。"

讲到这里，我看到王舒笔直的上半身一下子松软了下来。过了一会儿，他说："老师，什么是偏执个性？"

"偏执个性表现为在思考问题时，常以自我为中心，自以为是，自我评价过高；在分析问题时，不能正确、客观地分析形势，主观性、片面性较大；在为人处世时，固执己见，极易从个人感情出发，多疑、敏感等。具有偏执个性的人，若任其发展下去，会形成偏执型人格障碍。对具有偏执型个性的学生，可以运用专业的心理疏导手段解决他们的人格缺陷问题。"

"老师，我具有偏执个性，该怎样解决呢？"

我说："三人行必有我师，你对这句话怎样理解？"

"每个人都有自己的长处，都可以成为我的老师。"

"那学习成绩差的学生，他们身上有优点吗？"

"肯定有。"

"按照你的认知推理，学习成绩差的学生都应该服务于学习成绩好的学生，那会是什么情况呢？"

王舒沉思了一下，接着说："老师，这么多年我一直自以为是，几乎没有朋友，唉……幸亏现在遇见了您，否则我会……"

"未成年人是在不断试错中成长的，当他们遭受痛苦或者失败后，才明白一意孤行是行不通的。人非圣贤，孰能无过，关键是能知错就改，敢于调整自己的心理和行为，这也是未成年人成长进步的必由之路。"

"张老师，我怎样才能顺利克服偏执思维呢？"

"首先要提高认知，树立正确的人生观。人与人之间是平等的。学习成绩好并不能代表什么都好，学习成绩不好并不等于一无是处。每个人都有自己的优点和不足。因此，取人之长，补己之短，才是生存发展的智慧。"

接下来，我从四个不同的角度伸出拳头让王舒看，让他分别说出看到的拳头是什么样子，并让王舒结合自己的亲身经历说出自己的感悟。

"通过刚才的活动，我明白了要想真正了解事物的本质，必须对事物进行多维度思考；我明白了同学们这样对我是我自以为是的个性导致的，同学们并没有故意孤立我，自己感觉生命无意义是长期自我封闭的结果。"

我趁热打铁，详细地对王舒当前的状态进行了全面的诊断、分析与疏导，最后让王舒进行总结。下面是王舒对如何改善与同学之间关系的总结：

第一，变被动为主动。在和同学相处时，我要积极主动，多和同学交流。

第二，多角度思考问题。我要避免产生片面或错误认知，任何事情要从多角度思考，既要看到自己的长处，也要看到同学们的优点，取人之长，补己之短。

第三，尊重同学。我要从内心深处平等、真诚地对待每一位同学，尊重每位同学的个性差异。

第四，助人为乐。在日常生活和学习中，我要主动帮助同学，积极营造友好、和谐的生活氛围。

第五，开阔视野。我要挤时间多看国学经典与名人传记，向优秀的人学习，开阔自己的眼界。

我趁机用心理咨询技术，把王舒的身心调整到最佳状态，把以上五个方面的内容"输入"他的大脑，反复进行技术化训练，使之能在他大脑中优势兴奋并达到自动化运行的效果。

{咨询效果}

王舒是来访者中偏执个性较轻、配合较好的一个。对王舒一共辅导了三次，他的"三观"就发生了质变。

一个月后回访，他的家长反馈："王舒像变了一个人似的，脸上笑容多了起来，睡眠正常了。"班主任反馈："王舒在学校，能和同学主动交流了；在班集体活动中，他也能积极地融入了。整个人看起来，比以前积极、阳光了许多。"

抛砖引玉 ➡

中学阶段是自我意识逐渐形成与完善的黄金期。本阶段的学生有其显著的特点，如思维活跃，容易偏激；情绪强烈，容易波动；渴望扩大交往，但心理封闭；渴望独立，但能力不足：这些往往会使他们叛逆、固执、偏激、自我、敏感等。中学生偏执个性问题的隐蔽性强、危害性大，若处理不及时或者不重视，最终可能发展成为偏执型人格障碍。

心理科普 ➡

中小学生偏执个性形成的原因

1. 家庭原因。在年幼时，常常受到父母的指责与否定，长期感受不到父母的爱与肯定，或者父母离异、经常吵闹、性格偏执，这些都会导致孩子形成偏执个性。

2. 后天受挫。在成长过程中，接二连三遭受生活打击，经常受到侮辱、冤枉等对待，常常无法正确化解内心的消极情绪，从而导致心灵扭曲，形成偏执个性。

3. 过分要求自我。过分追求完美，对自己要求十分苛刻，难以接受自身存在的个子不高、长相不出众、才能不突出等现实，内心常产生自卑感，从而导致形成偏执个性。

4. 行为原因。如果一个人经常自以为是、指责他人、斤斤计较，并且这样的行为模式长期得不到纠正，则容易形成偏执个性。

02　回避个性

案例故事 ▶

初一女生盼盼（化名），13岁，家里排行老大，老二比她小7岁。她因为被班里的几个女同学欺负，已经休学10个月了。

｛问题分析与疏导｝

初见盼盼，她身高一米六五左右，"白胖"得让我想到了"特大号发面馒头"。她妈妈告诉我，盼盼是因吃药而导致的虚胖。

在盼盼休学的这段时间里，家长带她到省精神卫生中心看病两个月，虽然她的抑郁症状有所减轻，但是她仍然不能到校正常上课。家长又带她去北京某医院检查、治疗两个月，结果她的行为退化更严重了。现在她不能去上学、不敢独自出门、不敢独自待在房间，甚至上厕所也让妈妈寸步不离，一天中三分之二的时间是在睡眠中度过的。

我和盼盼的初次交流，用了一个小时的时间。盼盼说话声音很低，我坐在她对面，能看到她嘴动却听不清她说什么；她双肩内收，头低低地埋在胸前，双手紧扣，放在腹部；她眯着的双眼被头发遮挡着，像是要进入睡眠状态。在前30分钟的交流中，我几乎是全靠盼盼的姿势、动作、眼神等来和她互动的。

第二次见到盼盼时，她坐在我对面的沙发上，双脚点地，双膝紧靠在一起，双手十指相扣放在双腿上。偶尔，她从头发缝里"瞟"我一眼。

147

我问她："盼盼，你见到我有什么感觉，是害怕还是有亲切感？"盼盼嘴唇一动，我虽然没有听清她说什么，但是看到她开口说话时，嘴角呈上扬状态，脸上的肌肉似乎放松了些。

我给盼盼讲了如下故事：我孩子养了两只小仓鼠，只活下来一只。由于要回老家过春节，就把小仓鼠送给朋友了。朋友家也养了小仓鼠，当我孩子把我家养的那只仓鼠放进朋友家的仓鼠笼时，发现它浑身瑟瑟发抖，"跐溜"一下钻进木屑里。然后，它又很快从木屑里慢慢露出了头，惊恐地四处张望。就在这时，笼子里原来的一只仓鼠慢慢爬过去，和它相互注视着。

我微笑着并用柔和的眼神看着盼盼问："接下来在笼子里会发生什么？"

盼盼变得喘气有些急促，脸上出现了愤怒的表情，没有说话。

我又用温和的语气说："你可以猜猜看，会发生什么？"

盼盼用稍微大些的声音愤怒地说："那只新来的仓鼠被欺负了。"

我小声接着说："正在这时，笼子里的其他仓鼠也过来了。"

我话音刚落，盼盼攥紧了拳头突然大喊："它们都来欺负新来的仓鼠了！"

我依然平静地看着盼盼，慢慢地说："开始啊，我和你的想法是一样的。其实啊，它们都是过来和这只新来的仓鼠玩的。结果呢，它们真的在一起玩了起来：笼子里原来的一只仓鼠带头爬上了小滑梯，另外几只也跟着一起在滑梯上玩了起来。"

这时，我发现盼盼踮起的脚跟落在了地上，紧攥的拳头松开了，上身也坐直了一些。盼盼抬起了头，看了看我。

我接着说："其实，我们人也是一样的。在进入一个新环境时，一般会感到恐惧，这属于正常的自我防护心理。不同的人表现不同：有的人恐惧一段时间，慢慢地适应新的环境；有的人带着恐惧的心理，继续做自己该做的事；有的人战胜恐惧，勇敢、主动地和周围的人接触交流；有的人不能战胜自己内心的恐惧，遇难而退，结果暂时当了一名逃兵。"

这时，我看到盼盼有些不好意思地低下了头。

我依然平静地望着她说："暂时当逃兵不可怕，只要自己想成为勇士，咱们一起努力，会变成勇士的！"

盼盼用疑惑的眼神看了我一眼。

我问盼盼："你见过纸老虎吗？"

盼盼奇怪地看着我说："我见过纸老虎彩灯"。

"嗯，你看到纸老虎彩灯时，有没有被吓跑？"

盼盼笑了："纸老虎，我不害怕！"

我也笑着对盼盼说："其实，恐惧就像纸老虎，你不怕它，你就能战胜它。但是，如果你把遇到的一些不愉快当成真老虎，恐惧就会控制着你，你会胆战心惊地学习和生活；如果你把遇到的一些不愉快当成纸老虎，内心就会无所畏惧，就会开心地学习和生活。"

盼盼身体前倾，靠在一起的双膝也分开了，睁大眼睛看着我。

"我听你妈妈说，你在小学时学习成绩名列前茅，你还喜欢看课外书。你想找回小学时的学习状态吗？"

"嗯，想。"盼盼一边说，一边用力点着头，身体又前倾了一些。

我和她妈妈不约而同地为她鼓起了掌。

停了片刻，我接着说："因为同学欺负了你，你现在暂时想学习学不进去了、不敢去学校了、不敢自己独处了，都是恐惧这只纸老虎在捣鬼。咱们一起面对这只纸老虎，当个勇士好吗？"

只见盼盼半信半疑地点了一下头。

"你愿意把控制你的纸老虎从内心深处赶跑吗？"

盼盼的两眼明亮起来，边点头边大声说："我愿意！"

"好，明天咱们同一时间见！"我和盼盼握了一下手，道别了。

第三次见到盼盼，她发型变了，长长的刘海剪短了，头上还戴了一个带着紫色小蝴蝶的发卡。

这次辅导的主场地在楼下广场，主要内容是做游戏，游戏名称是"老鹰捉小鸡"。游戏一开始，盼盼十分拘谨，她跟在妈妈身后，牢牢地抓住妈妈的衣服。随着游戏进行，盼盼越来越放得开，盼盼越来越勇敢。整个过程，盼盼由拘谨到特别兴奋，她的小脸蛋红得像苹果一样，非常可爱。游戏结束后，盼盼竟然离开她的爸妈，走到我身边，拉着我的手一起上楼。

稍休息后，盼盼迫不及待地把我拉进了咨询室，悄悄地说："张老师，咱们快研究一下，怎么把我心里那只纸老虎赶跑吧。"

"好呀！"我立刻高兴地说，"现在咱们就开始研究赶跑纸老虎的方法。"

我对盼盼说："刚才的游戏，由于你没有选择临阵逃跑，而是选择了坚持一下、再坚持一下，是勇敢的坚持使你不畏强大，让你成为真正的勇士。"

盼盼不住地点头，认真地看着我。她忽然说："老师，去学校上学跟玩游戏不一样呀。"

"盼盼爱思考，真好。上学确实不像玩游戏，但是，当你面对比你强势的同学时，你是否感到害怕？"

盼盼点了点头，然后目不转睛地看着我。

"当同桌毫无道理地占有你的文具盒时，你被他的气势吓住了，你既没有想到爸爸妈妈，也没有想到比同桌厉害的老师，他们都会保护你呀，你随时都可以向他们求助的。"

"嗯。我当时真的是被纸老虎吓蒙了，我只感到恐惧了，这些都没有想到。"

"嗯，那你现在想一想，以后再遇见同样的事，你会怎样做？"

"我会想有一个团队在保护我，我不怕他们，他们要东西，我可以先给他们，免得吃亏；我也可以不给他们，我要勇敢、坚强。然后，我趁机告诉老师。"

"聪明！如果他们再像以前一样在校外欺负你，你会怎么办呀？"我问。

"我走大路，不走小路，哪里人多往哪里跑；或者等爸妈来接我。"我俩不约而同地笑起来，然后我们连击三掌。

我接着说："当你把这些事告诉老师时，老师会好好地教育他们的，他们以后就不敢欺负你了。同时，你也要把发生的不愉快的事情及时告诉爸爸妈妈，你们可以一起想办法。"

接着，我把游戏过程中拍下的照片一一展示给她看，并让她给我讲了一遍当时各种情景下的心理状态，重点让她讲了她是怎样战胜恐惧并完成游戏的心理活动过程。

然后我问她："我听说你爬山还没有一次爬到过山顶，这是真的吗？"

盼盼不好意思地点了下头，我用期待的眼神看着她："回去后，你敢不敢去爬一次山并坚持爬到山顶呀？"

盼盼咬了一下嘴唇，深吸一口气，说："我在下次见您前，争取爬到山顶。"我俩又不约而同地伸出手连击三掌并相视而笑。

第四次咨询时，盼盼一家三口有备而来。咨询一开始，妈妈就把汇集起来的盼盼最近二周的精彩瞬间做成了美篇，交给了我。我马上安排在咨询室播放，并让实习生一起观看，盼盼是讲解员。

起初讲解时，盼盼有些不好意思，声音比较小，慢慢地讲解的声音大了起来。讲到爬山部分时，盼盼将开始时的兴奋、跃跃欲试，到遇到困难时的无力、想逃，到调整好心态、振奋精神、知难而进、勇敢攀爬从而战胜困难的心理过程淋漓尽致地表现了出来。

讲解结束后，我第一个向盼盼伸出了双手，我俩兴奋地连击三掌，盼盼的爸妈和实习生们也一一同盼盼连击三掌，盼盼激动得热泪盈眶。

最后，我和盼盼又进行了单独交流。

我问盼盼："此时你心里感受如何？"

盼盼激动地说："我如同从冬眠中醒来一样。我明白了，只要我足够勇敢、坚强，任何人是不敢欺负我的。我感觉精神营养很重要，今后要多看好书。只要能打败那只让我恐惧的纸老虎，我就能做到我的事情我做主。"

我问盼盼有何打算时，她说："从下周一开始，我坚持到校上课，能听懂多少是多少，大不了重读初一。"

到了周一，接到盼盼妈妈发来的信息，盼盼果真去学校上课了。

对盼盼的辅导，用常规心理辅导方法是很难有效的。开始时，盼盼说话声音太小，难以听清，我只好采用讲故事的方式对盼盼的"心理防线"进行破冰，用做游戏的方式使盼盼的恐惧心理得到缓解，用生活实践的方式对盼盼知难而退的个性缺失进行实践训练。

盼盼到校上学后，又对其进行了几次防复发巩固辅导。

总之，在事上练，做中学；反复强化，防复发；多方配合，力量大。

{咨询效果}

对盼盼第四次辅导后，盼盼就能正常到校上学了。此后又按照计划对盼盼进行了十二次辅导。盼盼现在已经是大学二年级的学生了。

抛砖引玉 ➤

对回避个性的心理疏导，不但要注重行为上的矫正，还要注重健康情绪的培养，更要坚持事上练、时时练。早发现，早治疗，效果好。

父母在教养孩子的过程中，对孩子取得的成绩一定要及时、肯定反馈，切勿打击孩子的自信心，这样才能有效防止孩子产生畏难、自卑情绪，才能避免形成回避个性和习得性无助心理。

心理科普 ➡

一、回避型人格产生的原因

1. 挫折的影响。有的人的神经过程特征表现为感受性高而耐受性低，轻微的挫折就能让他们感受到沉重的打击，使他们变得消极、悲观而自卑，面对挫折不采取积极措施，不相信自己的能力，而是采取回避的态度。

2. 生理缺陷。有的人由于外貌条件差或肢体残疾等而自信心不足，容易产生自卑感。这种自卑感，如果不能及时消除，会使他们产生遇事退缩和回避的行为。

3. 自信心缺失。家长在教养孩子的过程中，片面注重智力投资，忽视对孩子自信心的培养。这使孩子在遇到师生矛盾、考试失利、升学受阻、家庭变故等情况时，束手无策，通常采取逃离、回避的方式解决问题。

4. 期望值过高。有些老师或家长对学生有较高的期待，没有根据学生心理素质和实际发展水平采取循序渐进的引导方式，结果导致学生过度努力，却仍达不到老师或家长的期望，于是产生内疚感，严重地影响了他们能力的发挥，从而让他们出现退缩、回避行为。

二、回避型人格的主要表现

1. 回避教育机会。当老师或家长与学生交谈问题时，学生以各种理由来逃避、拖延，久而久之，他们就会回避与老师、家长交流、沟通。

2. 逃避困难。当面对压力或困难时，有回避型人格的学生会采取回避的态度；分析问题时，他们会无意识放大困难程度，预期失败。这会导致他们高度紧张，产生抵触情绪，消极应付，从而造成学习成绩下降。

3. 依赖成性。有回避型人格的学生面对自身缺点或困难时，不是积极想办法进行自我突破，而是直接寻求家长或老师帮忙。长此以往，他们解决问题的能力越来越差，遇到问题更容易产生逃避心理。

4. 回避集体场合。除了日常学习和生活外，他们较少参加社会和集体活动。如果他们在活动中发生了不愉快或者遭到父母的批评，就会陷入不能自拔的痛苦心理体验中。他们以后再参加类似活动时，就会担心再次受到伤害，从而回避参加类似集体活动。

5. 自我评价过低。每个人都是依据他人评价进行自我评价的。性格内向的人多愿接受别人的较低评价，而不愿接受别人的较高评价，喜欢拿自己的短处与他人的长处相比，从而导致越来越自卑、自我评价越来越低。

6. 消极自我暗示。他们面临新情况时，常常觉得自己不如别人，正是这种消极的自我暗示增加了他们的紧张感，使他们产生心理负担，进一步加重他们的自卑感。

03　依赖个性

案例故事 ▶

高一女生蓉儿（化名），独生女，学习成绩较好。上高中前，她的一切生活杂事均由家长包办。高中入校后，她几乎天天以泪洗面，两个月后休学回家，已经一个月没有回学校上课了。

{问题分析与疏导}

蓉儿母女俩来到我咨询室后，我让蓉儿坐在我对面的沙发上，蓉儿却腼腆地拽着她妈妈的手不肯松开，紧挨着她妈妈坐在了我的斜对面。

蓉儿妈妈说："我和蓉儿爸爸结婚十年后才生了蓉儿，我们全家都特别疼爱她，尤其是她奶奶，从不让她干家务，至今她连自己的袜子都没洗过。早晨起床，有时她奶奶还拿着毛巾给她擦脸。蓉儿很听话，她的衣服、书包、学具等，我们给她买什么她就用什么，从不挑三拣四。蓉儿自从上高中后，天天哭着给我打电话。她不会洗衣服，我让她送洗衣店洗；她不会叠被子，室友帮她叠；她不敢自己去买日用品，不敢自己去食堂打饭，不敢单独去打热水……"

我一边听一边观察蓉儿，她的眼睛湿润了。

蓉儿妈妈停了一会儿，又接着说："她考进的是省重点高中，离家较远，必须住校。我工作较忙，每周三下午请假去学校看她。这样她只坚持了两个月便休学回家。我想辞掉工作到学校附近租房陪她，她不愿意，因为她奶奶得了重病，无法起床，她担心爸爸照顾不好奶奶。我们想把她转到家附近能走读的高中，她也不愿意，因为那所学校管理混乱，教学质量较差。"

说到这里，蓉儿妈妈眼睛也湿润了。

蓉儿虽然低头不语，但她早已泪流满面。

静静地，过了一会儿，我看着蓉儿说："你不但是个很有孝心的好孩子，而且是个上进心强、不甘落后的好学生。"

这时蓉儿挺直了上身，用疑惑的眼神目不转睛地看着我。

我看着蓉儿，继续慢慢地说："你奶奶曾经对你百般宠爱，而现在重病在身，卧床不起，你不忍心让妈妈离开奶奶而去照顾你，你确实是个懂得感恩、有孝心的好孩子！"

蓉儿开始啜泣起来。

我继续看着蓉儿慢慢地说："虽然有个离你家较近的高中可以去借读，但你是个有理想、有志气、有较强学习力的学生，你凭借自己的努力考上省重点高中，怎甘心到教学质量差、管理混乱的高中就读呢！现在，你只是暂时遇到了困难，暂时还没有找到解决难题的办法。我能觉察到你内心很纠结，但你正在努力想办法克服困难，所以你愿意跑这么远来见我。"

这时蓉儿不哭了，用一双满怀期待的大眼睛看着我。

此时，我趁机问蓉儿："如果有一种切实可行的办法，可以让你逐步走出困境，回到你所在的学校，你愿意配合吗？"

这时，蓉儿瞪大眼睛看着我，坚定地说："我愿意，咱们快探讨一下吧。"

我问蓉儿："你到高中后，遇到了哪些难题？"

蓉儿滔滔不绝地讲起来："我总是丢三落四，我去打饭忘记带饭卡，去买东西忘记带钱包，为了赶时间，我常常起床后来不及洗脸、来不及吃早饭；寝室内务管理，我总是给班级丢分，要么是因为我打扫卫生不合格，要么是因为我生活用品摆放杂乱，要么是因为我被褥叠得不整齐。当出现这些情况时，我好想有个人能帮我，可是妈妈和奶奶都不在身边，我感到无依无靠，也怕被同学们嫌弃。"

我问她："你和同学、老师相处得怎样？"

蓉儿说："还可以。同学们帮我整理内务，老师也找我谈过心，是我不优秀、能力差。我在学校里总是被恐惧包围着，实在是煎熬啊。"

说到这里，蓉儿又哭了起来。

蓉儿情绪稳定后，我告诉她："不是你不优秀、能力差，而是你大脑里缺知识，而且迷失了方向。"

蓉儿倏地身体前倾了许多，困惑地反问我："老师，我缺少什么知识？"

我笑着说："你缺少的是独立完成生活事件的程序性知识。比如去食堂吃饭时，依次经过带好饭卡—走到食堂—排队—选择食物—找到餐位几个程序，方能顺利吃饭；买东西时依次经过带好钱包—走到商店—选择商品—付钱几个程序才能买到自己想要的东西；自己的用品，用后放回原处，再用时才容易找到；任何物品都放在合适、固定的地方，摆放有序，形成习惯，用时才好找。你想想看，你是否是这样做的呢？"

"老师，我从来没有想过这些。我是到了目的地后才发现少这缺那，手忙脚乱，事情自然也就被耽误了；我用后的物品总是随手乱放，再用时翻箱倒柜地去找，越慌乱越找不到。我怎么不知道像您说的那样去做呢？唉，以前这些都是妈妈和奶奶替我做的！一切都是我'衣来伸手，饭来张口'的坏习惯造成的呀！"蓉儿哭丧着小脸，看着妈妈说。

我又接着说："这些都是你过去的'智慧漏洞'，不能代表你的现在和未来，更不能说明你不优秀、能力差。关键是你能否下定决心，把'智慧漏洞'补上？"

此时，蓉儿抬起了头，用坚定的眼神看着我并问："老师，我怎么才能把'智慧漏洞'补上呢？"

"第一，补程序性知识。你从现在开始，做每一件事前，先在大脑中想好需要几步，然后依次去做，这样可以有效避免丢三落四的情况。天长日久，习惯成自然，你处理问题的能力会随之提高。

第二，变换思维策略。当你面临困境时，不要去想依赖谁，而是去想我该怎样做，当你把主要精力用到寻找方法克服困难时，你的心智潜能就会得到开发，自主、自立的能力得到提升。

第三，坚持天天练，事上练。你列好每天的行动计划并积极行动起来，比如打扫家里的卫生、去买饭、去超市购物等，你要亲自去做并请家长和同学监督，在行动中不断地总结、改进。"

以上三点，蓉儿很认真地记录了下来。

最后，我给蓉儿布置以下作业：第一，当晚的晚餐、明天的早餐和午餐由蓉儿负责采购，妈妈在宾馆等着，不发表任何意见；第二，蓉儿负责打扫房间的卫生，包括床铺整理，按照她们入住时的样子去打扫、整理。

第二天，同样的时间，蓉儿母女俩按时来到我的咨询室。

我首先让蓉儿对作业完成情况进行了汇报。然后又让蓉儿妈妈谈下感受，蓉儿妈妈微笑着说："蓉儿在您的点拨下，已经开始变换思维方向了。她做事前不再是等着别人相助，而是自己动脑想办法，我女儿好像一下子长大了，我心里踏实多了，我不仅睡觉安稳，而且吃饭也香了。"

我问蓉儿："你妈妈已经觉察到你的思维方向有所变化，对你的进步比较满意，我想听听你的体会与感悟。"

"我比较深刻地体会到，恐惧来源于无知。无论做什么事情，一旦具备了相关知识或经验，内心的恐惧感就会减少，然后开始行动，并在实践中不断矫正、完善，情况自然会越来越好的。"

我和她妈妈不约而同地鼓起了掌。

我用期待的眼神看着蓉儿坚定地说："我相信，只要你积极配合，并坚持到底，你一定能走出所面临的暂时困境。"

{咨询效果}

第三次辅导后，蓉儿就主动回学校上课了。

一个月后回访，蓉儿在校生活已经正常，依赖行为逐渐减少，学习状态也渐入佳境。三个月后回访，蓉儿独立自主能力大幅提升，家长和班主任对蓉儿的变化比较满意。尤其令班主任惊喜的是，在班委的竞选中，蓉儿正式当选班级生活委员。

现在，蓉儿已经成了一名高三的学生。

抛砖引玉 ➡

蓉儿依赖心理的形成，完全是家长对其过度照顾，剥夺了其独立生活的锻炼机会，从而让其失去了独立自主的基本生存能力造成的；蓉儿后来的成长进步，是家长发现问题后做出明智选择，相信心理科学的力量，选择了专业心理辅导，才避免孩子发展为依赖型人格障碍。

家长要想孩子的人生之路走得更远、更好，就要该放手时放手，这才有助于培养孩子独立自主的能力。

心理科普 ➡

一、依赖心理的含义及其学生依赖心理的主要表现

依赖心理是指对人或事物的过分依靠，不能自立、自主的消极心理状态。依赖心理较强的人，遇事期求他人帮助，处事优柔寡断，常常不知道自己做什么和为什么做，面对抉择难以决定，易受别人暗示和指使等。

学生依赖心理，主要表现在生活、学习、情感三个方面。

生活方面：不能独立地照顾好自己，总是需要他人的照顾和提醒。如早上不能自觉起床，书包不会自己整理等。

学习方面：在遇到有挑战性的题目时，不愿独立思考，等着家长、老师或同学给他们讲解；作业不想自己做，只想得到同学或家长的帮助，甚至抄袭他人作业；学习知识时不愿意动脑，浅尝辄止等。

情感方面：渴望别人主动和自己交好，如果别人对自己友善，心情就愉快，否则就会痛苦；如果能得到他人夸奖就会对自己很有信心，否则他们就会担心、害怕和沮丧。

二、帮助学生克服依赖心理的有效方法

家长和教育工作者，帮助学生克服依赖心理，可从以下几个方面入手。

1. 改变教育观念。孩子的依赖心理大多是由家长错误的教育观念导致的。家长要转变教育观念，注重培养孩子的独立意识，注意对孩子说话的语气和方式，尊重孩子。同时，可以让孩子做一些力所能及的事，如倒垃圾、扫地、整理自己的房间、洗刷碗筷等，教给孩子独立做事的知识和技能。当孩子遇到困难时，家长应该鼓励并支持孩子积极想办法解决困难，而不是大包大揽，替他做。

2. 调整思想认知。家长和老师应从学生身边的小事入手，引导学生充分认识依赖心理的危害性和克服依赖心理的必要性。让学生明白一个人要想成才成功，必须利用各种时间、抓住各种机会、采用各种方法，锻炼独立自主的能力，做一位自主、自立、自强的人。

3. 培养自信。克服依赖心理，增强自信是关键。在日常学习和生活中，家长和老师要从多维视角对学生的思想和行为进行分析，多进行积极评价，即便发现了他们的缺点，在指出时也要避免使用消极评价，要给他们指出正确的方向与目标。

4. 树立榜样。榜样的力量是无穷的。老师在教育、引导学生的过程中，不仅要注重自己的言行，而且要善于引导他们以先进人物为榜样，让他们明白"只要付出，就有收获"。

5.激发兴趣。有依赖心理的学生，一般比较自卑，经常拒绝参加活动。兴趣是最好的老师，家长和老师可以从兴趣入手，激发他们的参与热情。这就需要老师和家长了解学生的兴趣、特长，并根据他们的性格特点有针对性地设计形式多样的活动，把他们吸引到活动中来，帮助他们克服依赖心理。

04 被动攻击型人格

案例故事 ➡

初一男生万达（化名），学习磨蹭，做事拖拉，脾气暴躁。在家稍有不如意，就大吵大闹，砸东西。在学校，谁在他身边说与妈妈有关的事情，谁就会被他打骂一顿，同学关系越来越差。

〖问题分析与疏导〗

初见万达，他留着奇特的发型，刘海遮盖着眼睛。我和他交流时，他只用很简单的短句回答且含糊其辞，看得出他是被动来咨询的。

我让助理带万达到沙盘室，我先同他爸爸进行交流。

万达的爸爸告诉我，万达在小学低年级时活泼可爱，有些调皮；从三年级起，他的脾气变得越来越暴躁，经常因为一句话、一个不经意的动作和同学打斗起来。刚上初一不到一个月，就因为与同学打架被学校勒令回家反省。

我问万达爸爸："在万达脾气变暴躁前后，你家里或他在学校里发生了什么事情？"

万达爸爸说："万达上小学三年级时，我和他妈妈办了离婚手续，她去澳大利亚生活了。自此万达性情大变，他喜欢看暴力影片，玩暴力电子游戏，在学校也常与同学打架。他像变了个人似的，让我们无可奈何。"

万达爸爸声泪俱下地告诉我。

我接好一杯水放在万达爸爸手里，安慰他说："孩子还未成年，个性在发展变化中，只要您重视并配合，孩子会慢慢好起来的。"

我们聊完后，我带着万达的爸爸一起来到沙盘室。

万达摆的沙盘已经基本完成。

我让万达仔细看看他摆放的每一件沙具，再看看整个沙盘，然后让他给自己的沙盘起个名字。

万达仔细地看了又看，面对他摆好的沙盘，他猛地双手攥拳，高高举起，然后他倏地双臂下滑，双拳抱在腰间，喘了几口大气，愤怒地说："同归于尽。"

我示意万达爸爸和助理悄悄地离开沙盘室，我和万达面对沙盘而坐。万达还在不停地喘着粗气，我安静地陪着他。万达眼睛湿润了，泪水顺着脸颊往下流。

过了好一会儿，万达的呼吸均匀了许多。

我小声问他："刚才你想到了什么？"

"我想把飞机击落，与它同归于尽。"

"如果允许，你可以在想象中把它击落，按照你的意愿去做吧。"

"但是，但是，我又不能去做，我需要它（他／她），我不忍心伤害它（他／她），但是我必须伤害它（他／她），我不能……但是我必须……但是……"万达自言自语起来，他抽泣了起来。

我看到万达始终双拳紧攥，从腰间慢慢地放到双腿上，随着他的抽泣声越来越小，他紧攥的双拳慢慢地松开了，双手也放在了腿上。

此时，我小声说："听起来，你内心很矛盾，很纠结，有两个截然不同的念头交织在一起。"

万达的眼泪又扑簌簌地流了下来。

过了许久，他的哭声渐渐停止了，我小声说："你现在还小，有些事情也许你现在无法理解，你稚嫩的小肩膀是无法长期承受其重的。如果你换一种方法，换一种思维或认知，也许会让自己活得轻松，让自己有能力面对未来。如果你愿意，一切都来得及。你可以掌握自己的命运，你要做自己命运的主人，做好自己是解决所有问题的根本。"

一个小时的咨询，万达除了做沙盘和哭泣之外，说话很少。在万达临走时，我告诉他："你摆的这个沙盘，我会为你保留着。如果你愿意改变自己，你想掌握自己的命运，而且相信我的话，明天同一时间可以来找我。"

第二天同样的时间，万达父子俩准时而来。

我发现万达理发了，盖着眼睛的奇特发型不见了，显得精神多了。

他爸爸笑着说："昨天，在回去的路上，我们路过理发店，万达要进去，我陪着他把头发理成这样了。"我笑着对万达竖起了大拇指。万达也笑了。

爸爸这次主动要求留在休息室。我和万达走进沙盘室。

来到沙盘室，我让万达围着他摆好的沙盘转了几圈，然后让他自己找个位置坐下来。

我让他轻轻地闭眼放松，然后心里默念这个沙盘的名字"同归于尽"。告诉他想到什么就说出来，可以说、可以大喊、可以骂、可以哭。

万达时而小声说，时而大声喊，时而哭泣，时而大骂，时而沉默，最后呜呜地大哭起来，他忽然站起来，把沙盘里高擎在空中的飞机拔了下来，用力摔出去，又想用脚去踩踏，我见此景及时扔给他一个发泄气垫，他发泄一会后，躺在地上大哭起来。

时间过去了一刻钟，他不说话，也不哭了，从地上坐了起来。我递给他一杯水，他慢慢地站起来，坐在沙发上。

我问他："刚才你脑子里呈现的是什么场景？"

"四年前，在我想妈妈时，我问奶奶我妈妈去哪里了，奶奶指着天空中飞行着的飞机告诉我：'你妈妈就在那架飞机里，正飞往澳大利亚。'

我想起的就是当时我看到天空中那架飞机的场景。"

"嗯，那时你多大了？"

"我八岁半。"

"嗯，你想妈妈的日子里都是怎样度过的？"

"起初我想妈妈时，常常偷偷地哭；后来一想到妈妈，我就心烦，想发脾气。谁在我面前说有关妈妈的事，我就控制不住揍谁一顿；谁用手抚摸我的头（想起妈妈），我就狠狠地打谁的手，我打过好几个老师的手；我想妈妈时，如果有人打扰我，我就砸身边的东西。只有这样，我心里才舒服些。"

"嗯，你觉得这些是你想要的吗？"

"不是，但我无法控制自己。"

"初中一年级的学生正处在青春期，个性还不稳定，自我意识正在形成，可以用科学的方法帮助你。"

万达十分想改变自己当前的困境，表现得很配合。我和万达经过深入交流，一起梳理清楚了导致他目前现状的原因：

第一，家庭突遭变故。八岁半正是躺在妈妈怀里撒娇的年龄，万达却遭遇妈妈突然离开这一事件，内心恐慌不安，已有的心理平衡突然被打破，新的心理平衡尚未建立，于是万达出现烦躁情绪和攻击行为。万达妈妈的突然离开，对全家人都是一个打击。总之，一家人都淹没在"恨"的氛围中，家庭氛围突变。

第二，家人不懂心理常识。万达在家出现异常行为时，家人没有及时对年幼的万达进行科学心理辅导，保护孩子的心理健康。

第三，学校缺少心理健康辅导与心理教育。万达在学校出现异常行为时，学校老师缺乏相关心理健康常识或者不重视心理健康教育，任其继续发展，导致症状越来越严重。

万达从思想上梳理清楚了原因，并敢于面对"过去带有被动攻击表现的旧我"后，我用科学的心理调整方法对万达进行辅导，用积极的条件性情绪替代他消极的条件性情绪。

当万达烦恼来袭时，我教会他调整心态的方法与程序，并进行了多次强化，使他达到优势兴奋、顿悟、迁移的程度，万达的被动攻击行为不仅消失了，而且没有复发。

{咨询效果}

连续做了六次调整性辅导后，万达的学习主动性逐步提高了，上课睡觉的现象逐步消失了，学习成绩逐步提升，师生关系也得到了改善；万达爸爸反馈，万达在家不再发脾气和砸东西了。

后期又进行了两次巩固性、优化性辅导。现在的万达正在中国地质大学读研。

抛砖引玉 ➡

中小学生在成长过程中可能会出现各种心理问题。家长或老师发现中小学生有异常表现时，要高度重视，及时找心理健康教育专业人士解决。只有勇敢面对并解决问题，才有利于中小学生健康成长，切莫"讳疾忌医"。

心理科普 ➡

一、对有攻击性行为的学生进行心理辅导的方法

1.接纳与关爱。具有攻击性行为的学生人际关系较差，不易被同学接纳，需要家长与教师给予更多的关爱和接纳。家长、老师要善于发现他们身上的闪光点，及时在集体中表扬他们，让他们体验到安全感和归属感，把他们的注意力转移到美好的事物上，这样能有效减少他们攻击行为的发生。

2. 正确引导。在日常生活中，家长必须注重自身修养，不要因自己不顺心而在孩子面前毫无顾忌地攻击别人；当中小学生情绪失控或愤怒时，家长或老师可采取暂时隔离或安抚等方法，及时引导他们进行适宜、合理的宣泄，防止他们出现伤人伤己的举动；老师和家长应积极配合，鼓励中小学生参加各种活动，培养和丰富他们的情感体验。

3. 适度惩罚教育。家长或老师遭受中小学生攻击时要适度还击，向其传递"攻击别人会受到惩罚，需要承担后果"的信息，这在客观上可起到一定的教育作用，有利于减少他们攻击行为的发生。

4. 提升调控能力。家长和老师向中小学生普及心理健康知识，注重培养他们调整情绪、转移注意力等能力，利用移情训练、角色扮演、情景游戏等方式使他们体会到攻击行为对他人造成的伤害，认识到情绪调控的重要作用；对他们进行沟通技能训练，让他们学会用恰当的语言表情达意、学会倾听等，使他们认识到有效沟通的重要性。

第七章

性心理问题

中小学生性心理包括对异性好奇、性意识萌动、性意识冲突、性心理困扰等而产生的认知、情感、需要等心理活动。

在青春期，如果不及时对未成年人进行性心理与性道德教育，他们可能会因性知识匮乏、性认识模糊、性道德意志薄弱等，产生性心理偏差、性道德失范、性行为冲动等，甚至出现性犯罪现象。

01 性意识萌动

案例故事 ➡

艾晗（化名），15岁，省某重点中学高一男生。艾晗学习成绩处于班级中上游水平，人际关系也比较好。但是在高一第二学期，艾晗却经常请病假，不去学校上学。

{问题分析与疏导}

初见艾晗，他又高又瘦，满脸青春痘，黯淡无神的双眼一直盯着自己的双手，两手相扣，大拇指的指肚相互揉搓着，低着头坐在我对面的沙发上。

为打破僵局，我向艾晗简单地做了一下自我介绍，并且重点介绍了心理咨询保密原则。艾晗听完保密原则后，慢慢地坐直了身体，抬头看了看我，突然问道："老师，您真能保密吗？"

我严肃且诚恳地点了点头。

不一会儿，艾晗便对他爸妈说："你们可以到外面大厅等我吗？"艾晗的爸妈听后立刻去了大厅。

艾晗深深地吐了几口气，问我："人会中邪吗？"

我喝了一口茶，慢慢地咽下，轻轻地问他："你会中邪吗？"

没有想到他大声地说："我会，我真的中邪了。"

他滔滔不绝地讲了起来："高一第二学期，我们班调来了一位刚大学毕业的女老师教我们英语。自从这位英语老师到岗后，我就像中邪一样，总是不由自主地有与英语老师接吻的冲动。我知道这是不应该的，但我控制不住自己。我害怕老师和同学看穿我的想法，更害怕我会一时冲动对老师做出不敬之举，吓得我不敢再上英语课了。后来，我在上其他课时，在晚上睡觉时，也会不由自主地去想。不到两周的时间，我就被折磨得心力交瘁，记忆力下降，无法正常学习，只好请病假回家了。"

艾晗边说边哭，我急忙递纸巾给他。

艾晗擦了擦眼泪说："我爸妈第一时间带我去医院检查，医生说我没啥毛病，可能是睡眠不好导致的，只给我开了些安神类的药物，但大睡一天一夜后，我仍然不断想起英语老师，仍然有与英语老师接吻的冲动，我狠狠地抽了自己几个耳光，恰巧被我妈妈看到了。我爸妈又立刻带我到某精神卫生中心做检查，我被诊断为中度抑郁症。我吃了抗抑郁的药后，身体轻松了不少。我爸妈见我精神有了好转，又督促我回学校上课，但是我到校后的第一节课就是英语课。在那节课上，我如坐针毡，一点也听不进去。不仅如此，其他老师的讲课内容，我也听不进去，当天晚上整宿失眠。第二天，我又请假了。"艾晗说完这些，如释重负地问我："老师，您说我是不是中邪了？"

我打开电脑，和艾晗一同观看了青春期教育系列专题片《青春期性心理特征》。

看完后，我问艾晗："看完这部专题片后，你对自己中邪之事怎样看？"

艾晗紧皱的眉头稍微舒展了些，害羞地说："原来每个中学生都会产生性萌动、性幻想呀，这是正常的现象，我还以为我中邪了呢！我竟然认为我是个坏人，总觉得愧对老师呢！"

我又强调："是呀，每个青春期的学生都会出现青春期性心理，这属于正常现象。青春期性心理的特征一般有以下三点：第一，短暂的异性疏远期；第二，接近异性期；第三，对异性爱慕和依恋期。青春期性心理的一般表现为：第一，对异性好奇，对性知识渴求。比如，对文学作品中爱情和两性的描述比较敏感。第二，性萌动强烈，感到窘迫、困惑。第三，产生性幻想，会产生一些戏剧性的性幻想情节等。以上表现都是青春期性心理的正常现象，但是如果学生缺少青春期性心理发展常识，就会把这些正常的性心理发展现象视为洪水猛兽，时间久了，可能会导致神经功能失调，身心健康发展受损，严重影响学业发展。"

艾晗使劲地点着头，又突然问："老师，为什么我越是控制自己不要去想，却偏偏想得厉害呢？"

我说："一件事情你不想做，却偏偏做了。这在心理学上叫'禁果效应'，也叫'亚当与夏娃效应'。等你再产生冲动时，你就告诉自己这是青春期性心理的正常表现，想一想没关系，放弃控制内心感受的想法，反而能让你更好地控制自己，减少自己想起它的可能性，从现在起，你可以试试看。"

艾晗连连点头，并且大声告诉我："张老师，我现在浑身轻松多了，好想美美地睡上一大觉。"

第一次辅导就这样结束了。

第二次辅导时，艾晗告诉我："第一次咨询回家后，我在没有吃一粒药的情况下，呼呼大睡到第二天的中午，并且那天下午我还做了一份数学试卷和一份英语练习题。在做英语练习题时，我又不由自主地多次产生了'罪恶的欲望'，于是我用您给我说的方法，结果症状有所减轻，内心也轻松了许多，但是还是没有找到以前的学习状态。"

第二次的辅导目标是把艾晗已经建立起来的消极条件性情绪反应，用积极条件性情绪反应来代替，帮他找回以前高效的学习状态。

第三次辅导是强化训练。

第四次辅导是防复发辅导。

{咨询效果}

艾晗共进行了四次咨询，他的性心理困惑问题不但解决了，而且他的学习效率更高了。

抛砖引玉 ➡

青春期孩子的性心理教育是家庭心理教育不可或缺的内容，如果被家长、老师忽略或者轻视了，可能会对孩子的身心成长造成不良影响。

心理科普 ➡

一、性意识的含义

性意识是指人脑对性的感知和认识。青少年随着生理器官的发育成熟，性心理开始成熟。他们对异性有好感、对性知识感兴趣、对性问题敏感或害羞、产生性幻想、做性梦等。

性意识的产生是符合人的性生理、性心理的发展规律的，是正常现象，也是非常普遍、非常自然的。

二、帮助青少年平静度过青春期的主要方法

青少年青春期性意识萌动是正常的，但任其发展会使他们很容易受到伤害。因此，老师和家长必须帮助他们平静地度过青春期，形成健全的人格，这对他们的健康成长意义重大。

1. 加强性知识教育。家长和老师应该对青少年进行性生理知识、性道德意识方面的教育，破除青少年对性的神秘感，以使青少年获得后天的免疫力，不被此类问题困扰。

2. 引导正确相处。家长和老师教育青少年正确对待异性，让他们懂得异性之间吸引与爱情的区别。男女同学之间的交往要公开、大方、坦率，在学习上相互帮助，不宜过早地朝爱情方面发展。

3. 提高克制力。教育青少年不要接触不良刺激，少讨论与性有关的话题，少看与性有关的影视、文学资料，少写或少转发暧昧的文字等。

4. 指导排解转移。当青少年因性意识萌动而出现烦躁、苦恼、害怕等心理时，家长和老师要教育、引导他们打破羞于启齿的心态，用各种方式进行倾诉排解。如可以通过写日记或向理解自己的同伴、长辈、老师倾诉的方式，也可以通过运动、看电影、听音乐、读书等活动来转移注意力。

5. 培养责任意识。家长和老师要培养男生的责任意识，使他们懂得保护女性、尊重女性、关照女性、谦让女性。

6. 学会自我保护。家长和老师要教育女生学会自我保护。在性方面要矜持、含蓄，学会理解男生，懂得把握自己，不要释放不恰当的信息，以免引起误会。

7. 培养兴趣爱好。家长和老师要注重培养青少年多方面的兴趣爱好，如参加体育运动和文娱活动、集邮等，可以转移他们对性的好奇心。

02 爱慕异性

案例故事 ➤

敏敏（化名），是个性格活泼的小姑娘，不仅学习成绩优异，而且人缘极好。但初三第一学期开学不久，她突然像变了一个人似的，变得不爱说话，上课心不在焉。老师对敏敏的改变甚是吃惊，于是便和她的家长进行了沟通，家长没有发现她在家有任何异常表现。期中考试时，她的成绩下降了很多。班主任和家长多次找她谈心，但不起作用，老师和家长都特别着急。

{问题分析与疏导}

初见敏敏，她长着一双明亮的大眼睛，一说话就露出一对漂亮的小虎牙，声音甜美，给人一种恬静、可爱之感。

敏敏坐在我对面的沙发上，有些拘谨。在敏敏的咨询登记表上，咨询目的一栏填写的是"专心学习"；而在咨询原因一栏有个"乱"字，也有"失控"两字，但都被划掉了。

我问敏敏："这个登记表是你自己填写的吗？"

敏敏点头说："是。"

"嗯，你在填表时思绪是乱的，包括现在，甚至在最近持续的一段时间内，你的思绪一直是乱的，有一种失控感。"

敏敏吃惊地看着我，没有说话。

我继续说："敏敏，你能详细地谈谈'乱'或者'失控'的具体内容吗？"

敏敏抬起头看了看我，满脸通红，难为情地低下了头。

于是，我站起来走到贴有"心理咨询保密原则"的墙边，示意敏敏过来看。

敏敏看完后，我们一起坐下，敏敏的脸颊更加红润了。敏敏低着头，双手在两腿上不停地揉搓着。

我见状，微笑着对她说："在你们这个年龄段，生理和心理都处在高速发展期，而心理的发展很多方面远远落后于生理，尤其是性心理方面，会让一些同学羞于启齿，甚至产生罪恶感。"

敏敏听得很认真，双手停止了搓动。我继续说："比如有些同学会朦朦胧胧地对异性产生好奇、喜欢等，甚至有些同学的想法会像脱缰的野马一样，难以控制。"

说到这里，敏敏忽然坐直了身体，问我："老师，您是从哪里看出我是这种情况的？"

我笑了笑，说："这是青少年身心发展的一般规律，是正常的性心理发展表现啊！"

敏敏诧异地问："这属于正常的心理发展表现？"

我肯定地说："这属于正常的青春期性心理发展表现。"

敏敏看着我的眼睛，深深地吸了一口气，打开了话匣子。敏敏说："老师，我近来好像掉进了一个旋涡里，不能自拔。暑假里，妈妈给我报了一个羽毛球训练班。高一男生王帅是我的训练搭档。王帅既有礼貌，又很懂事，说话幽默，而且他的英语成绩很好。训练期间，他总是给我讲笑话，用汉语讲完后再用英语讲一遍，我的敬佩之心油然而生。训练间隙，我总会问他一些英语知识，他也很乐意给我讲。我们俩还经常用英语进行简单的对话。训练班的日子过得飞快，不知不觉暑假结束了，我也在恋恋不舍中结束了训练。回到家里，我时常有一种失落感，会情不自禁地想起和王帅一起度过的快乐时光，心想我要是有这样的一个同桌该多好啊！甚至有几次我梦见和王帅用英语对话呢。每当想起他时，我就十分激动，心脏怦怦直跳，感觉脸也火辣辣的。我曾经无数次问自己，我这是怎么啦？难道我是在暗恋王帅吗？想到这里，我就感到不应该，作为一名即将中考的学生，应以学业为重，我怎么能有这样的念头呢？我越想越觉得对不起老师，更对不起辛勤养育我的父母，我极力遏制这种念头的产生，但这个念头产生的次数越来越多，我简直要崩溃了。"敏敏一口气说完这些，已经泪流满面了。

我慢慢地把纸巾递给敏敏，敏敏紧紧地把纸巾攥在手里，任凭委屈的泪水顺着脸颊往下流淌。就这样，时间大约过去了十分钟，敏敏的呼吸才渐渐地平稳下来。

我慢慢地说："这确实是青春期性心理发展的正常现象。这是典型的内心渴望接近异性、对异性有好感的表现，但表现得又很拘谨，羞于表达。这就形成了一种心理冲突，时间久了，可能会引起心理困惑，从而导致心理发展受阻，严重影响正常的学习和生活。"

敏敏焦急地问："那我该怎么办呢？"

"首先，要从思想上提高认识，学习一些青春期心理健康知识，尤其是性心理健康知识；其次，要遵循心理发展规律，放松心情；最后，要有意识地学会转移自己的注意力。当你想起王帅时，先想如何把英语成绩提高，思考如何提升口语水平，努力记住更多的单词，甚至尝试把汉语故事用英语讲给同学们听，能避免一定的心理伤害，何乐而不为呢？"

我接着说："除了有意识转移自己的注意力外，你还要学会及时调整自己的心态，这很重要。"

敏敏听到这里，迫不及待地说："张老师，请您教我几个调整心态的方法，好吗？"

我着重教授了冥想放松法和深呼吸放松法。

第二次辅导，重点调整敏敏在校的学习状态。尤其是当敏敏想起王帅时，如何调整自己的心态不受负面情绪干扰，依然能全神贯注地投入到学习与生活中。

首先，我和敏敏讨论了三个问题：

第一，你究竟被王帅身上的什么品质所吸引？

第二，具有和王帅一样"学霸"特质的女生，你会喜欢吗？

第三，敬佩具有优秀品质的人这种行为正常吗？

我们讨论完，敏敏做了总结，并讲给我和她的父母听："第一，王帅具有勤学、乐学、博学、助人为乐的好品质；第二，具有和王帅一样'学霸'特质的人，不管是男生还是女生，我都喜欢；第三，敬佩具有优秀品质的人，这种行为不但正常，而且值得表扬与肯定。"

然后，我用渐进式肌肉放松法，现场对敏敏进行心态调整，并让敏敏选了一首自己喜欢的曲子做背景音乐。

结束后我问敏敏："你觉得刚才咱们的辅导用了多长时间？"

敏敏说："五分钟左右吧，我好享受，身体感到从没有过的轻松，好想在那种状态中再多待一会儿。"

"刚才的辅导共用时三十五分钟"，我告诉敏敏，"只要按要领去做，一般都会感到时间短、很轻松。以后你可以按照我今天教给你的程序，试着自己给自己做放松练习，具体做多长时间，可以根据自己的实际情况来进行。这种放松方法课堂上、课间、考场上都可以应用，是一种不影响他人的简单易操作的放松操。"

{咨询效果}

敏敏共咨询了三次，咨询后她不但找回了原来的学习状态，而且经过半个学期的努力，她的英语成绩排名全校第一。更可喜的是，她考上当地的重点高中后，发起并成立了学校心理社团，她担任社团主席。

抛砖引玉 ➡️

对处于青春期的学生及时进行青春期性心理教育是非常必要的，越早进行越好。教育工作者如果发现青春期学生出现心理异常现象，要高度重视，及时引导他们找专业人士解决，否则他们的身心发展可能受到伤害。

心理科普 ➡️

对青春期孩子进行性教育的有效策略

1. 适时进行性教育。青春期的孩子处在身心快速发展期，他们感觉自己长大了，但实际不成熟。他们好奇心强，模仿能力也强，如果家长和老师没有及时对孩子进行青春期性知识的教育与正确引导，孩子很可能因为无知而做出令人遗憾的事情。因此，家长和老师要认识到性教育的必要性，对孩子及时进行青春期性教育，让孩子了解青春期性生理与性心理发展的一般规律和特点，可以给孩子买青春期性心理的科普书籍，也可以请专业人士进行性健康教育辅导等。

2. 尊重、理解放首位。青春期的孩子随着性生理和性心理的发展会对异性产生好感，他们开始并不表现出对异性的关注、喜欢，而是表现出冷漠、轻视的态度，有些男生甚至会采取不友好的方式。表面上看，这个时期的男生、女生是对立的、排斥的，但他们内心非常渴望得到异性的关注，非常在意自己在异性心目中的形象。家长和老师要认识到这是青春期孩子性心理发展的特点所致，要尊重与理解他们。

3. 莫贴标签，莫硬说教。如果家长和老师发现孩子有早恋行为，首先不要给孩子贴上"坏孩子"或"早恋"之类的标签，避免孩子反感，影响与孩子的感情；其次，家长和老师要与孩子多交流，多了解孩子内心的感受，多听听孩子的想法；第三，给予孩子积极的指导，要在和谐、融洽的氛围中引导孩子，而不是通过生硬的说教将自己的观点强加给孩子。

4. 因势利导。家长和老师发现孩子有早恋行为时，既不要立刻制止他们和异性接触，也不要用异样的眼光审视他们，更不能用不当的语言伤害他们，而要引导他们进行正常交往。家长可允许孩子把异性同学带到家里，一方面有利于与孩子建立信任关系，另一方面便于指导孩子掌握与异性同学的交往原则，创造机会对孩子进行因势利导，把孩子引到与异性同学正常交往的道路上来。

03　恋物情结

案例故事

　　三月的一天上午，我突然接到了一位高三班主任朋友打来的电话："张老师，我班班长快被学校开除了，您帮帮他吧。他已经在去找您的路上了，估计快要到了，我上午课多，马上又要上课啦。"她说完就挂了电话。

{心理问题分析与疏导}

　　果然，不到五分钟的时间，门铃就响了。助理打开门，只见一家三口走了进来。爸爸在前面，妈妈在后面，害怕儿子默男（化名）逃掉似的，把儿子夹在中间。默男在填咨询登记表时，他的爸爸妈妈坐在我对面的沙发上，他们你看我，我看你，好像有话要说，但又都没开口。

　　我趁机说："请喝茶。"

　　妈妈说："谢谢。"

　　我问默男的爸爸妈妈："你们带孩子来见我，想和我交流些什么呢？"

　　妈妈羞涩地说："张馨老师，我们觉得很丢人，孩子怎么会跑到老师家属院，去拿那些东西，他脑子有问题，还是……"

　　咨询室里的空气有些凝重，我让助理把默男的父母带到休息室，我和默男先单独交流。

　　默男填完咨询登记表后，矜持了好一会儿，才开口说："我参加完学校迎考'百日誓师'大会后，就开始月考了。结果，月考考砸了。我作为班长没有做好表率，心里紧张不安起来，担心自己的成绩再往下掉。果不其然，我接连两次周考的成绩都不理想，我心里更加不安起来，甚至睡眠也受到了影响。

有一天夜里，我翻来覆去睡不着觉，一看时间还不到五点，便悄悄起床，去操场边的路灯下看书。当我从女生宿舍楼前经过时，发现地面上有一个蓝色的绣着花蝴蝶图案的胸罩和一只软软滑滑的丝袜。于是，我好奇地捡了起来，仔细一看，真漂亮，本想看一看、摸一摸就放下，突然发现不远处有一位老师在晨练，我怕被老师看见，于是快速地把这些东西藏到怀里，结果我的这一举动还是被晨练的老师发现了。后来，他把我叫到了办公室，让我说出实情。我如实地交代了事情的经过，他让我把东西悄悄地放回原处，事情就这样过去了。

可是，从那以后，每当我疲劳时，就会想起那个绣着花蝴蝶的漂亮胸罩和软软滑滑的丝袜，这时就会感到浑身放松和舒服，大脑会兴奋好一阵儿。

前天晚自习，我实在是心烦意乱，无法安心学习，于是出去散散心。当我走到老师家属院旁边时，突然又发现了类似漂亮的胸罩和丝袜，我观察了一下，周围没人，于是用一根长竹竿小心翼翼地把漂亮的胸罩和长丝袜挑了下来，我仔细地看了又看，反复地摸了又摸，然后把它们揣到了自己的怀里，并悄悄地走回了教室。没想到刚坐下不久，我就被老师叫了出去，他说他在楼上看到了刚才发生的一切，并把班主任叫了过来，我就这样被学校'开除'了，被勒令回家反省。"

身高约一米八的"男子汉"默男，边说边像罪人似的低下了头，满脸的无奈和困惑。过了好一会儿，他突然抬起了头，惶恐不安地问我："老师，我这是什么病，是不是我这辈子就毁在这上面了？"

我郑重地告诉他："第一，你要明白这是由高考压力导致的考试焦虑的转移，并不是什么'不治之症'；第二，你要发自内心地认识到这种行为的危害性；第三，希望你配合，我们采取科学的方法处理。你能够做到这三点，情况就会好转，就不会影响你的高考和以后的前途。"

"老师，我绝对配合，您快救救我吧。"默男迫不及待地大声说。

我接着说："临近高考，学校'百日誓师'活动给你又增添了一份压力，你内心的焦虑值上升，甚至发展到焦躁不安的地步，这时正确的做法是调整好心态，放松心情。由于你不会调整自己的心态，导致你的神经紧绷。此时，你恰巧遇到了一样新奇又能唤起你兴奋的物品，因为你正处在青春期，所以对异性容易产生好奇和幻想，于是产生了兴奋、新奇、愉悦的快感体验，这种体验与高度紧张的高考复习体验形成了强烈的对比。你当时没有考虑到事情的后果，也根本没有去想会给你带来什么样的不良影响，更没有去想老师和同学会怎么看你。"

"是这样的，老师。我当时脑子里什么也没想，只想放松一下。现在一想，这事做得确实不对，要是全校同学都知道了这件事，我可真是太丢人了。我也感觉好奇怪，当时我是一根筋的。"

"嗯，这是因为当时你陷入了单向思维里。问题就出在这里了。"

默男问："是呀！如果再遇到类似情况，我该怎么做呢？"

"首先，告诉自己，大脑需要休息了，精力需要转移了。其次，可以到室外跑步、打球、大声朗读、唱歌；可以在室内做深呼吸、做肌肉的绷紧放松、对自己曾经获得的成功的场景进行积极冥想；也可以和同学切磋难题，去找老师谈心等。再次，如果实施以上方法后，内心还是抑制不住冲动，就要想其后果和危害性。最后，想想自己曾经的豪言壮语，想想自己实现理想后的美好未来等美好场景。"

默男的身体前倾，边听边记，还尝试找这种感觉。

大约过了十分钟，默男突然告诉我，找到感觉了。

他说："能让我产生较高的兴奋、愉悦体验的场景有两个：一个是自己荣获奥赛大奖上台领奖时的场景，在雷鸣般的掌声中，我昂首阔步走上主席台，与主办方领导合影留念；另一个是想象高考结束后的某一天，我拿着清华大学录取通知书来到班里，站在讲台上，全班同学报以热烈的掌声，班主任让我给全班同学分享我战胜考前焦虑、取得理想成绩的有效方法。"

"多么可贵的美妙体验呀！"我赞叹道。

我又趁机教给默男两种适合在教室应用的调整心态的方法：肌肉渐进式放松法和冥想放松法。

第二次辅导，主要是针对默男的高考焦虑症状进行体验式的减压放松训练。

第三次辅导，主要是帮助默男消除"一根筋"似的消极单向思维，我把深呼吸法、体验式放松法融进令他兴奋的场景，对他进行反复强化训练。

第四次辅导时，他已经回到学校，能成功调控自己的冲动了，而且学习效率较以前有了大幅度提升。

第五次辅导是在高考前三天，主要目的是帮他较好调整自己的考试状态，能够在考场上正常或超常发挥。

{咨询效果}

五十天后的回访中，默男十分感激地告诉我们，他如愿以偿地拿到了清华大学的录取通知书。

抛砖引玉 ➡

父母在教养孩子的过程中，不但要对孩子有足够的耐心与细心，而且要学习性心理教育知识。

默男的妈妈告诉我："默男在幼儿阶段，喜欢拿我的丝袜和内衣玩。一看到我的丝袜和内衣，他就特别高兴。我当时觉得孩子还小，就没有引起重视。"默男妈妈的这种"没有重视"，引发了他对爱的一份美好"渴望"。

到了青春期，性意识产生，性幻想萌发，再加上较大的学习压力刺激，就很自然地与女性内衣建立起了条件反应式"通道"。

庆幸的是，默男是个兴趣广泛、积极上进的孩子，加上发现及时，老师、家长也十分重视，并积极配合，默男的恋物倾向在萌芽状态就被遏制住了，没有发展到"恋物癖"的状态。

当孩子出现恋物倾向时，要给予足够的重视，及时找专业心理咨询师进行心理疏导，越早治疗效果越好，对孩子身心造成的危害越小。

心理科普　➡️

一、恋物癖的含义

恋物癖又称恋物症，是一种性偏好心理障碍。

一般男性患者较多。表现为在强烈的性欲望与性兴奋的驱使下，反复收集异性使用的非生命物品，所恋物品均为直接与异性身体接触的东西，所恋物品成为性刺激的重要来源或获得性满足的基本条件。恋物癖也可能在偶然情况下通过条件反射建立而形成。

二、恋物癖形成的原因

1. 环境影响：恋物癖的形成和环境影响有一定关联，甚至和性经历有关，在最初性兴奋出现时与某种物品偶然联系在一起，经过几次反复，形成了一种条件反射。有时一次深刻的印象也可造成心理上的固定阴影，这类情况多在青春期出现。

2. 心理异常：有些是由于性心理异常导致的，他们在潜意识中对自己的生殖器有忧虑，从而去寻求较安全、较容易获得的性行为对象，或产生把异性身体的某一部分或饰物当作性器官的潜意识，以缓解内心的不安。

3. 知识缺乏：性知识缺乏、性道德认识模糊、性道德意志薄弱等问题也可能成为恋物癖形成的原因。

04 早 恋

案例故事 ➡

某重点高中二年级女生璐璐（化名），学习成绩较好，是班里的班长。因为和同班同学小海（化名）"谈恋爱"，被学校勒令回家反省两周。

{ **问题分析与疏导** }

璐璐和小海从小学到高中一直是同班同学。升初中时，因为没有和小海在同一所学校，璐璐哭闹，迫使其父母将其转到小海所在的学校，并成了同班同学。

璐璐的妈妈和小海的妈妈是大学同学，毕业后在同一个单位上班，两家平时走得较近，小海和璐璐从小就经常一起玩、一起旅游、一起去饭店吃饭等。

让两位妈妈没有想到的是，璐璐竟然因为谈恋爱被勒令回家反省两周。两位妈妈一起找到我并表明：如果两个孩子最终能走到一起，我们都不会反对，可是现在孩子的思想和行为让学校领导和我们家长都无法接受，恳请我"救救"他们。

璐璐是一个敢想、敢做的女孩。她坐在我的对面，说话不卑不亢。她"义正词严"地对我说："我爸妈认为我犯下了滔天罪行，认为我闯下了大祸，才不是呢，我是在为争取自己的合法权利而斗争！"

她看我没有说话，又接着说："我和小海哥哥青梅竹马，小海哥哥就是我的白马王子，是属于我的，不允许别人侵犯！"

"侵犯?"我接过话，"你能具体说说吗?"

"我们班转来一位漂亮的女学霸，班主任安排她与小海哥同桌。起初小海哥对她照顾有加，我作为班长也支持。可是后来我发现她什么事都让小海哥帮她做，而小海哥也不拒绝。令我忍无可忍的是小海哥常常主动向她请教数学难题。我和小海哥从小一起长大，我喜欢他，他也喜欢我。谁把他从我的身边抢走，我就跟谁拼命!"

璐璐满脸怒气地继续说:"我再三去找班主任，要求给我调位。那天下晚自习后，我把我对小海哥的爱慕之情真诚地向小海哥表达了。小海哥没有拒绝，正当我们手牵手回宿舍时，被老师发现了。于是班主任找我谈话，说我违反了校纪，影响极坏，班长肯定不能当了。没关系，有我的小海哥就够了。我没有想到，女学霸还是不断地让小海哥帮她干这干那，我忍无可忍，把她教训了一顿，结果被她告发了。我因违反校规，被学校勒令回家反省两周。"

我趁机问璐璐:"那你打算下一步如何做?"

璐璐斩钉截铁地说:"我会继续捍卫我的权利。但我得想办法早日回学校上课，不然小海哥被女学霸纠缠，我又不在场，那我可就完了。张老师，我请您帮我出谋划策，让我早些回学校吧。"

我看着璐璐着急的样子，笑着说:"出谋划策可以，但解铃还须系铃人呀!"

璐璐兴奋起来，急忙说: "张老师，请您给我分析一下吧。"

我拿出一份情感心理学"爱的层次"资料给她看，并让她根据自己的情况认真思考10分钟，然后再和我交流。

十分钟后，璐璐示意我考虑清楚了。

我问她:"资料的内容，你看明白了吗?"

璐璐说:"我能看明白，但是我从来没有仔细想过这类问题，我只是觉得小海哥对我一直特别好，我跟他在一起很享受，感觉很安全，而且他的学习成绩一直位列班级前三名，人缘也好，我真的不想失去他，也不能失去他。当我看到小海哥照顾女学霸时，我心都碎了。于是……"

"嗯，那你被学校领导发现前所做的一切，是危机感迫使你采取的紧急措施，还是感情在心中的迸发？"

"主要是危机感迫使我采取的紧急措施。我想牢牢抓住小海哥，并希望他能永远呵护并陪伴我，所以我就模仿电视剧里、小说里的情节……头脑一热，没想那么多……我这种行为叫作占有，根本不是爱，简直是胡闹。"

"哦！"我惊喜地接着说："十七岁是情窦初开的年纪，对异性产生好感，尤其是对自己喜欢的异性萌生出'恋情'的火花，是青春期心理发展的正常现象。但是如果处理不好，就会影响自己的身心健康，影响到未来的发展。如果能及时科学地处理，不仅会促进自身心理健康的发展，而且会促使人生格局更上一层楼！"

璐璐紧接着问："我现在怎么办好呢？"

"当校领导发现你俩时，你是否把你的心路历程详细地告诉他们呢？"

"没有。我当时满脑子只想跟小海哥在一起，感觉我们就是谈恋爱了。其实，我们还没有发展到恋爱的地步，我不懂呀！再说，要不是女学霸的行为刺激了我，我也根本不会到这种地步，真是无知呀！"

"现在，请你再仔细想想你和小海之间的真实感情。"

"我始终把小海哥当成我的'小保护伞'，这让我对他产生了依赖心理；我为了独占他的关爱而动用心计，这是我自私的表现，我根本没有顾及别人的感受，是我自以为是。"

"那你打算如何处理你和小海的关系呢？"

璐璐静心思考了一会儿，然后很认真地说："其实，我和小海哥之间

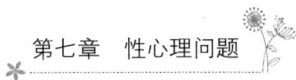

属于正常的兄妹感情，但我是个自私的人，享受并依赖小海哥的关爱，而且想霸占并独享他的关爱，并没有考虑过小海哥内心真实的想法与感受。"

"嗯。那如果小海的真实感受与你之前感觉的不一样，你下一步将如何去做？"我趁机引导她。

"那好办，我会主动把我们今天的交流所得，以及我内心真实的想法，如实地告诉他，他肯定会接受的，也不会影响我们之间的感情。"

"好。那如果小海对你的感情已经有了进一步的升华，并且正在向'真爱'发展，那你该如何处理呢？"

"不能说没有可能。如果小海哥对我是'真爱'，他也会被开除的，我不能让事情这样发展下去。'两情若是久长时，又岂在朝朝暮暮'，先把这份美好藏在心底吧。"

"用一种什么方式？既能让你们把美好藏在心底，又能全力以赴地去实现理想呢？"

璐璐陷入深思，过了一会儿，她突然说："把这种美好当种子，深深地埋在心田里，化为前进的动力，激发起学习的强烈愿望，把主要精力用在积极学习上，全力以赴迎接高考的到来。等到我们都拿到各自理想大学的录取通知书后再考虑以后的事情吧。"

她突然问我："可是，我现在已经违反了校规，正在接受学校的处罚，我应该怎么做才能确保我的学习不受影响呢？"

"这是我们接下来要重点讨论的问题。"

"老师，我想提前回校，咱们先讨论这个，行吗？"

"这个话题好。那你开动脑筋想一想，你现在要做些什么，才能感化校领导和班主任呢？"

"我想把我做心理辅导后的真实想法详细地写出来，交给学校领导，并且郑重地写一份提前到校的申请书和保证书，我会让我爸妈签字，也会让班主任作为见证人，您说能行吗？"

我鼓励她说："陈述情况，澄清事实，能让别人了解事情真相，这是个不错的办法，值得一试。你还可以想一想，在家这段时间，怎样做才能不影响学习成绩。"

璐璐满眼闪烁着激动的泪花，喃喃自语道："我该吸取教训了，我在家也要抓紧时间学习。"

{ 咨询效果 }

第二次咨询时，璐璐已经通过自己的努力和家长的协助，提前到校学习了。

璐璐共咨询了两次。在此期间，璐璐及其家人全力配合，由于璐璐改变现状的愿望迫切，并且悟性高，所以咨询效果很好。

现在的璐璐已经是北京师范大学的学生了，小海是华南理工大学的学子，他们两个依然情同兄妹。

抛砖引玉 ➡

对青春期的学生，如果家长和老师发现他们有早恋苗头，不要视为"洪水猛兽"，应该采取"宜疏不宜堵"的策略，循循善诱，不要大声指责，否则易把他们推向极端的"悬崖"。

据调查，中学生早恋，95%以上是正常的青春期性心理发展现象。对此，可以通过正确的、及时的、科学的心理疏导，帮助他们顺利度过青春期，而不是对他们放任不管，以致影响他们的身心健康和学业发展。

心理科普 ➡

一、早恋的概念与表现

早恋简单地说就是过早地谈恋爱。一般指中小学生在身心还处于成长期，在自我意识和心理承受能力都还很弱的情况下，由于青春期的萌动、性意识的觉醒、强烈的好奇心等，过早地尝试爱情。

早恋通常具有以下表现：

1. 孩子变得特别爱打扮，常对着镜子照来照去，女生开始化妆。

2. 孩子的学习成绩突然下降，上课注意力不集中。

3. 活泼好动的孩子突然变得沉默，不愿和父母多交流。

4. 孩子在家待不住，经常借故早出晚归，瞒着父母到公园、歌厅等场所。

5. 孩子在家时喜欢一个人独处，或躲在房间，或独自发呆等，表现为心事重重的样子。

6. 孩子情绪起伏不定，时而兴奋，时而忧郁，时而烦躁不安，做事无耐心，情绪易激动。

二、家长和教育工作者要正确对待青少年早恋

1. 摆正心态。家长和教育工作者，面对青少年早恋问题时要保持一颗平常心，不要急躁，顺势引导，态度平和。

2. 加强沟通。良好的沟通是了解和引导青少年的最佳途径，家长和教育工作者首先要与他们好好沟通，告诉他们早恋的利与弊，引导他们形成正确的爱情观。

3. 尊重与倾听。家长和教育工作者要尊重早恋的青少年，认真倾听他们的想法，因势利导，切不可把自己的想法强加在他们身上。

4. 普及知识。家长和教育工作者要提前对青少年学生进行性知识的普及，提高他们的自我保护意识，教育他们要以负责任的态度对待情感和性的问题。

5. 理想教育。家长和教育工作者面对早恋的青少年学生，要选择适当的方法引导他们寻找比恋爱有意义的事情，启发他们找到自己的理想，发展他们的兴趣爱好，帮助他们树立远大的人生目标。

自我意识发展问题

自我意识是自己对自己的认识，以及对自己与周围事物之间关系的认识。它是对自己的身体、心理、行为以及各种关系的觉察。它是由自我认识、自我体验和自我控制组成的自我调节系统，能够调控自己的心理活动与行为。

自我意识发展是青春期个性发展的核心内容。中小学生由模仿成人、依从成人、以成人评价为依据，到逐渐摆脱成人评价的影响，进而产生独立评价的倾向。这对中小学生的发展、成长具有重要意义。

但是，由于中小学生阅历浅、承受力差、自我意识不稳定，他们对自我和他人的评价容易出现偏差，从而导致自身产生自卑、自负、妒忌、逆反等心理问题。

01　自我认同

案例故事 ▶

　　高二学生林跃（化名），既是班长，又是学生会干部，学习成绩优异。但是两天前，他要"出家"，从学校偷偷跑出来，被找到后直接被家长带到我这里。

{问题分析与疏导}

　　林跃到我咨询室后，让他的家人全部出去。下面是我和他的部分对话：

　　"林跃，你昨天休息得怎么样？"

　　"我几乎两天没有休息了。我两天前从学校偷偷跑出来，想到五台山'出家'，但不知道去哪座寺院好，也不知道跟谁联系。于是，我先到网吧了解有关情况。在我等待寺院有关负责人回复的时间里，被他们找到了。"

　　"你能详细谈谈'出家'念头形成的经过吗？"

　　"我爸妈把我当小孩一样对待，还有我的亲戚邻居，他们一见我就问我的学习成绩怎么样。他们只看重学习成绩，根本不关注我的内心。尤其是爸爸和在读博士的哥哥，他们常常干涉我的自由，总是打乱我的计划，这让我感到愤怒，他们根本无法理解我的心情。我曾经向信任的老师吐露心迹，老师却转移话题，他鼓励我努力拼搏，去拿奥赛大奖；我也曾向我的同学坦露心声，他们说我精神病。我仔细想想，也觉得自己有精神病了。"

　　"嗯，那你后来是怎么做的呢？"

　　"由于我烦我爸妈，已经十周没有回家了。当同学们都回家后，我独自面对偌大的校园，一间间安静的教室、一条条安静的走廊、一座空旷的大校园，我就萌生出'出家'的念头：我要到寺院里探究人生的意义和价值，难道不停地学习就是为了获得大奖、考上好大学？……这就是人生的价值所在吗？"

"你有这种想法多久了？"

"我上小学时，问过我爸妈，人为什么要学习？我爸妈说，小朋友都去上学，你不用想那么多，你要想怎样才能多拿奖状，他们还说只要你考上好大学，将来就有个好工作。那时，我感觉爸妈对我很好，我要好好学习，多拿奖状，让爸妈高兴；上初中后，我为了物理老师好好学习，曾荣获奥赛省级一等奖；上高中后，我曾想将来当一名物理学家，拥有自己的实验室。但是，最近我的思想动摇了。我有时觉得为考高分而不停地学习没有意思。我常问自己：林跃究竟是谁？我要为谁而活？我越想心越乱，我越想越迷茫啊！"

"嗯，你迷茫时，是怎样调整的？"

"我常用开玩笑的方式掩饰内心的躁动不安，表现得特别能'闹'和搞笑，大家误认为我是'乐天派'呢，其实，我是用讲笑话、大笑等行为掩饰真实的自己。因为讨厌真实的自己，所以我越掩饰越难受，越感到孤苦无依。"

这时，林跃用迷茫的眼神看着我，我安静地用柔和的目光望着他。他突然说："老师，我一直在胡说八道，我真的是个'精神病'，并且病得不轻，是吗？"

我摇了摇头，看着他笑了。

林跃又说："我知道讨厌爸妈是不应该的，但我内心真实的感受就是十分讨厌他们。我想'出家'离开他们。"

"林跃，你正好处在青春迷茫期，这是自我意识形成的最佳期。这时的你，自我意识正逐步分化出现实自我和理想自我。当自我出现矛盾时，你会表现出不喜欢现实自我。一方面，你学习成绩好而经常受到老师的重视、同学的仰慕；另一方面，你又喜欢阅读与思考，有可能受历史上和现实生活中模范人物的影响，在自我意识中便产生了'我要像他们一样''我要成为物理学家'等想法，这时，理想自我便出现了。"

"是呀。我有时想，我要向爱因斯坦学习，当个物理学家。我有时又觉得我的理想遥不可及，像天方夜谭，所以我非常困惑。"

"把理想变为现实，需要付出努力和拼搏，仅停留在'想'上，就如同画饼充饥，不仅于事无补，而且会因思虑过度而烦恼倍增。"

"嗯，我确实想得较多，并且越想越会发现：我的理想和现实差距太大，越想越痛苦不堪了。"

"你把自己的想法告诉别人，其实你是希望得到大家的认可，而现实中你却遭受到了种种困扰和误解，更没有遇到引领者。因此，你孤身一人一直在苦苦探索和挣扎，你心力交瘁到了极点，模糊了现实自我和理想自我的界限，进而想用'出家'作挡箭牌，目的是让自己心安理得。"

"挡箭牌？心安理得？"林跃反问道。

"是呀。第一，你的学习成绩一直名列前茅，经常受到老师的夸赞和同学们的好评，但是，你缺乏自我主体意识：小学时为爸妈而学，初中时为物理老师而学。第二，你没有建立稳固的自我认知。你出现要当物理学家的理想自我时，斗志昂扬；当你觉得自己变成了学习机器，又陷入了'我是谁？我为了谁？'等迷思中。第三，当理想自我和现实自我发生冲突时，你不能把二者很好地进行整合。第四，用正确的、符合社会发展要求的、有利于自我进步的理想自我去改正、完善现实自我，使个性得到升华，为实现理想自我而努力拼搏，这是积极自我认同；降低或放弃正确的理想自我，以达到理想自我与现实自我的统一，这是消极自我认同。由于你极度迷茫而倾向于消极自我认同，用'出家'作为逃避现实的挡箭牌。"

林跃听得十分认真。他思考了许久，默默流下了眼泪。

沉默了好大一会儿，我问林跃："你现在想什么？"

"我在想，您分析得很对。有一次，同学们都回家后，我独自一人在校，突然孤独、困惑、无助感向我袭来，我瞬间想到了很多问题，最后，我想到了死。在我将从六楼纵身一跃时，我突然想到了始终牵挂着的女友，我们立下了海誓山盟，我不能食言；我也想到了唯一理解我的发小，虽然我们没有在同一个城市上学，但我们的心是相通的，他一直在鼓励我。我要是这么走了，岂不是给人留下了笑柄！"

林跃说着，泪水像断了线的珠子顺着脸颊滚了下来，落到胸前的衣服上。

我实在是不忍心打扰他，任凭他委屈的泪水流淌。

过了好一会儿，我看到林跃的情绪逐渐恢复了平静。我慢慢地说："你说得太好啦！咱们能谈谈你如何坚定决心和信心，去实现自己的理想、造福人类吗？"

在我的引导下，林跃深入、细致地描绘了他未来的宏愿。

我淡定而温和地陪伴着他，聆听了他所有的酸甜苦辣咸，随时思忖和评估他的言行，及时反馈他的"困惑点"，捋顺他当下混乱的思维，激活他探求未知的宏愿。在此期间，我顺势重构了他的人生大厦。

经过四个多小时的谈话，林跃自己总结如下：

第一，树立正确的"三观"。我要牢固树立正确的人生观、价值观和世界观，坚定信心，为实现有价值的人生而拼搏到底。

第二，调整好心态。我主动学习心理学知识，了解青春期心理发展的规律与特点，调控好自己的情绪，主动和心理老师保持联系。

第三，请"高人"指路。关于怎样成为物理学家、在高中阶段应奠定哪些基础、如何拥有创新思维等方面的问题，我可以借助学校平台，向有关老师请教，请他们指点迷津。

第四，放眼未来，着眼当下。把我当下该学的学好、该做的做好，为未来打好坚实的基础。

第五，向世界名人要智慧。在精力允许的情况下，我要多读好书，多读名人传记，建构自己的人生格局，开阔视野。

最后，林跃恭恭敬敬地站了起来，满脸通红，激动地说："张老师，谢谢您！是您帮我拨开了云雾，让我见到了太阳！我不但知道我不是精神病，而且对自己的未来充满了信心。我的未来是美好的，前途不可限量，我不可能再出家了。"紧接着，他向我深深地鞠躬。

{咨询效果}

现在的林跃已经是北京大学生命科学学院大四的学生，正在申请国外某大学的硕博连读呢。

抛砖引玉 ➡

家长和老师了解中小学生自我认同感的发展过程是破解中小学生心理问题的关键。中小学生在自我认同感的发展中，会出现理想自我和现实自我的冲突。如果处理得当，积极自我认同感形成，个性会得到升华。否则，他们会产生种种心理障碍，一旦"迷茫"起来，就会严重影响他们的身心健康和正常的学习、生活。

家长和老师要未雨绸缪，找到打开"青春迷茫期"的金钥匙：根据学生的不同个性、不同心理特征，夯实正确的"三观"教育，及时进行心理健康、生涯规划等教育工作。同时，家长与老师要注重学习，跟上孩子成长的步伐。一旦遇到解决不了的问题，要及时向专业人士求助，以免贻误孩子终身！

心理科普 ➡

一、影响中学生自我认同感形成的因素

自我认同是个体发展的重要心理活动，影响自我认同感形成的因素一般有以下几个方面：

（一）家庭教养方式的影响

家庭是中学生自我认同形成过程中的重要场所，父母的教养方式是影响中学生自我认同形成的关键性因素。专制型父母对孩子的行为控制过于严格，孩子自我表达的机会较少，致使孩子自我认同早闭；民主型父母会鼓励孩子表达自己的想法，让孩子参与家庭重大事情的决策，这样可促进孩子自我认同感的发展；纵容型父母对孩子指导少、放纵多，易导致孩子自我认同的扩散。

（二）性别角色的影响

中学生第二性征的出现，意味着他们的性机能开始成熟，性意识开始觉醒。他们开始对自己的身体特征感到好奇，同时产生不安、害羞等心理。表面上，他们在异性面前害羞、拘谨或冷漠，但暗地里又十分关心自己在异性心目中的印象。他们通常用一些特别的行为来吸引别人的注意，如爱出风头、爱表现自己，甚至以恶作剧的方式来吸引别人的注意。

中学生微妙的心理变化、心理闭锁性与其较浅的阅历、幼稚行为交织在一起，使他们出现了充满矛盾的多样化表现。

（三）焦虑程度的影响

中学生有时会因"我该怎么办"而感到困惑，甚至被一些微不足道的小事困顿住。似乎每天都有做不完的事，但又不知道忙了些什么，缺少成就感，这是抑郁或焦虑程度较高的表现，其中考试焦虑对他们的影响较大。

（四）同辈群体的影响

中学生在同辈群体内，可以彼此敞开心扉，如自由探讨恋爱观、价值观、人生观等问题，也容易形成一套他们的价值标准。这些标准可能与社会的主流价值观相符，也可能不符，甚至背道而驰。他们在吸收、接纳同伴处事方式的同时，也在改变自己的处事方式，形成相应的自我认同感，希望被同伴接纳和欣赏。

（五）社会文化的影响

中学生的成长和对社会的认知，绝大部分是从社会文化中获得的。他们在对社会文化的接受与拒绝、认可与反驳、喜欢与反感中，与其他个体碰撞，完成他们的社会化进程。中学生对自我认同的深化，正是在社会文化的熏陶下发生了结构调整。社会文化既可以把他们塑造成富有知识、积极进取、严谨负责的时代好青年，也可能把他们塑造成玩世不恭、过度消费、缺乏理想的一代。

二、培养中学生积极自我认同感的策略和方法

（一）营造良好的家庭环境

家长要营造良好的家庭环境，为培养中学生积极自我认同感提供保障。家长要用接纳、鼓励的态度并且做出示范，让孩子在不知不觉中产生对自我的肯定评价。家长对孩子充满爱心和责任感，有助于孩子成为健康、阳光、乐观向上、有所作为的人。同时，孩子也会习得父母的思维模式、互动方式，形成良好的自我认同感，走上快乐、自制、积极向上、奋发有为的康庄大道。

（二）教师率先垂范

中学生在积极自我认同感的形成过程中，受老师的影响较大。这种影响不仅来自老师对学生的知识传授、肯定与认可，还来自老师的教育方式、言谈举止等。

（三）近益友、远损友

"近朱者赤，近墨者黑。"家长和老师要教给中学生正确选择朋友的知识，助他们谨慎选择朋友。指导他们交志同道合、真诚、正直、有理想、有抱负的益友，这样才能在学习和做人方面彼此促进，形成健康、积极的自我认同感；否则自身发展会受到不良影响。

（四）引导正确归因

当中学生遇到不顺、失败等情况时，家长和老师要引导他们正确归因。中学生如果把考试失利归因于自己生来就笨或运气不佳，那么他们就会产生不可控感，极易形成消极的自我认同感；如果把考试失利归因于自己对所考内容暂时没有掌握、缺少巩固练习、努力程度不够，就会有可控感，就有了努力的方向和目标，容易形成积极的自我认同感。

（五）培养移情能力

移情是指在人际交往中，人们的情感互相作用。当一个人感受到对方的某种情绪时，他自己也能体验到相应的情绪。在中学生自我认同感形成过程中，要培养他们的移情能力，引导他们站在对方的角度思考问题，使他们认识到自身的优点与不足。中学生如果能深刻体会他人的情绪、情感，那么当他们遇到类似情况时，便会根据以往的体验，重新整合自我认同的内容，抑制自己的消极行为，从而获得比较全面的自我认同感。

02 妒忌心理

案例故事 ➡

高二女生海丽（化名），16岁，从小学到高一，学习成绩一直名列前茅。然而到高二时，她的学习成绩直线下降，吃不好饭，睡不好觉。她爸妈带她到各大医院检查，可是她的状态仍无根本性好转，已经休学在家三个月了。

{问题分析与疏导}

海丽从小和爸妈一起生活，但爸妈平时工作较忙，故海丽的饮食起居由奶奶照顾。海丽一家三口坐在我的咨询室里，他们相互对视了一会儿，都没有说话。

于是，我问海丽："你吃不好饭、睡不好觉是从何时开始的？"

海丽没有说话，而是把目光转向了她爸妈。我立刻会意，便让海丽的爸妈到休息室等候。

下面是我和海丽的对话摘要。

"我吃不好饭、睡不好觉，是从高二第一次月考开始的。"

"你那次月考成绩怎样？"

"我考砸了。"

"那后来呢？"

"后来，我心情很糟糕。成绩出来后，有三位任课老师找我谈话，我爸妈也苦口婆心地说教：'高二是学习的关键期，你在思想上要重视，学习不能懈怠，向咱们院里小安和小玉看齐……'，一时间我成了轮番轰炸的目标，我的脑袋简直要爆裂了。他们说的这些道理我都懂，考前我就多次提醒自己，这次一定要考好，证明自己已经努力了。可是，考前几天和考试过程中，我每晚都很难入睡，总是担心自己的成绩排名落后于小安和小玉，这不仅会让我没面子，也会让我爸妈很没面子。"

"再后来呢？"

"再后来，每当我看到同院的小安和小玉以及那三位任课老师时，我心里会很烦，会感到丢人。尤其是我看见小安和小玉，心里的烦躁程度会立刻升级，把他们当成阻碍我学习成绩提升的敌人。"

"那你的学习效率如何？"

"我的学习效率越来越低，情绪越来越糟糕。尤其是当我看见小安和小玉时，会有骂他们的冲动。"

"那你在校的状态如何？"

"我不敢抬头，觉得能找个地缝儿钻进去就好了。我也不敢与同学交流，尤其是成绩好的同学。他们曾多次在很多同学面前故意和我说话，让我出丑。我忍无可忍，只好大骂他们一顿。最后，我回家自学了。"

"你在家自学效果如何？"

"起初，我和爸妈住在一起，我总是觉得他们很烦，学不进去；后来，我独自一人搬到新房住，依旧还是学不进去。"

"现在仔细想想，究竟是什么阻碍你安心学习呢？"

经过四十分钟的深入交流，海丽自己得出以下结论：

"第一，我心胸狭隘，妒忌生恨，使自己的情绪低落；第二，找外因，我总是为自己的失败找借口；第三，我不会调整心态，形成了学习心理障碍；第四，我自以为是，任性妄为，休学在家。总之，妒忌心理是导致我现状的祸根，自以为是等不良个性是导致我现状的催化剂，学习心理障碍成了我前进道路上的拦路虎。"

从海丽的积极配合和认真总结可以看出，海丽确实很想摆脱自己目前的困境。但如何摆脱困境，提升学习成绩，我们两个又对此问题进行了深入的讨论。

"看到比自己优秀的人该怎么办呢？"我问海丽。

"我要先冷静思考自己的不足之处有哪些，优秀同学身上的闪光点有哪些，然后我要把主要精力用在改进自己的缺点与学习别人的优点上。"

紧接着海丽又问："知不足后，我还是做不到咋办？"

"好问题。首先，你要静心思考，你的不足之处是什么，接着各个击破，解决它。若知识不足，你要查缺补漏；若个性使然，你要以自己崇拜的人为榜样，取长补短，提升自己；若是学习方法不科学，你要向专家求助，通过专家的力量进行学法优化升级。"

"这正是我所需要的。我为自己的不足感到丢人，遮遮掩掩，怕被别人知道；同院的小安和小玉，经常主动帮助我，我不但不知感恩，反而骂他们，真是以小人之心度君子之腹啊。我心胸狭隘，妒忌之心害己呀。"

海丽惭愧良久，又问我："遇到问题先自己反省，向榜样学习，主动寻求解决方案，这样确实有助于解决问题。但是，我现在的问题是学不进去，该怎么办才好？"

"好，咱们一步步来。现在请你认真想，明天就要去学校上课啦，你脑子里会浮现出什么场景？感觉如何？"

"校园里有很多同学，同学们会把目光投向我；老师会看着我笑，问我'怎么才来上学呀'或者说'很好，能来上课就很好'等等。我有些担心和恐惧，有些忐忑不安。"

"你担心和恐惧什么？"

"我担心回到学校后还是学不进去，担心自己的成绩又下降了。"

"嗯，现在请你再想想，在你学不进去时情绪状态是怎样的？"

"情绪低落。"

"情绪低落时，大脑神经兴奋度受到抑制，思维迟钝，对知识的敏感度低，这是导致学习低效的主要原因。持续的学习低效，会导致学习成绩下降。如果你不调整学习状态，任其发展，就会形成一组关于学习的消极的条件反射。"

"老师，您分析得很对，我感觉已经形成了一组消极的条件反射，我该怎么办呢？"

"你以前学习时是不存在消极的条件反射的，它是在一定条件下才形成的。同理，它也能在一定条件下消除。可以用积极情绪替代消极情绪，想办法产生这样的情绪：坐下来学习，内心是平静的、愉悦的，预期成功，就会越学越兴奋。你学不进去的问题就迎刃而解了。"

海丽听完很兴奋。

接着，我用专业心理咨询技术，帮她调整到宁静、愉悦、放松的心理状态。先让她自选一篇高二英语试卷中的阅读理解，现场做题、对答案，六个问题都答对了；然后又让她从历史习题集中找出一道复杂的大题，让她用我教给她的方法在五分钟内完成记忆，结果提前一分半钟就记住了。通过这两次现场体验，海丽又找回了自己专注的学习状态。

{咨询效果}

连续咨询三次后，海丽回学校上学了。三天后，海丽的学习状态渐入佳境，并且搬回去和爸妈一起住了。

经过一个学期的努力，海丽在高二下学期期末考试时取得了班级前五名、级部前二十名的好成绩，而且与同院的小安、小玉成了好朋友。

抛砖引玉 ➤

俗话说，性格决定命运，可对于未成年人来说不一定成立。关键在于教育工作者能否适时采取科学引导的方法。"适时"是指当孩子身处逆境，通过自己的努力还不能解决而需要帮助时；"科学引导"是因势利导，不是先给孩子贴上一些消极的"标签"，再讲一堆大道理，而是需要家长或老师静下心来，陪孩子一起走出困境。此时，记住孩子是主角，听孩子说解决困难的心路历程，不能指责与打击他，而是温言软语地"引导"他到解决问题的正确思路上来。在这个过程中，发现孩子的每一点进步就立刻给予肯定，直到引导孩子一步步走出困境为止。让孩子自己总结这次战胜困难的经验或失败的教训，创造条件并鼓励他分享给更多的人，这些才是孩子独立成长迫切需要的。

心理科普 ➤

一、嫉妒心理的含义以及青少年产生嫉妒心理的原因

嫉妒心理是指通过比较，感觉到自己能力不足产生的一种复杂的情绪状态。它包括焦虑、恐惧、悲哀、猜疑、羞耻、自咎、消沉、憎恶、敌意、怨恨、报复等心理状态。一般经过由攀比到失望的压力感、羞愧到屈辱的挫折感、不服到怨恨的发泄行为几个阶段。

青少年嫉妒心理产生的原因一般有以下几个方面：

1. 就业与竞争的压力。青少年从小在充满竞争的生活氛围中长大，耳闻目睹周围人的就业与竞争的压力，他们会深刻感受到自己未来需要面对的压力。

2. 学业的压力。青少年不仅要面对中高考的压力，平时还要面对同学之间的学习竞争，也要面对家长的期望和督促。当他们的学习成绩不能如愿以偿时，就会去关注别人的成绩，误认为自己的一切是别人造成的，于是嫉妒心理就产生了。

3. 性格的局限。一般具有狭隘、自卑、自私、偏执、过分争强好胜等特征的学生，往往处事敏感、多疑、主观、固执、心胸狭窄、报复心强，这类学生容易产生嫉妒心理。

二、预防青少年产生嫉妒心理的方法

家长或老师对青少年的嫉妒心理进行预防与疏导，可从以下几个方面进行：

1. 要为青少年营造一个健康、公平的竞争环境，使他们在考试或竞争失利时，明白原因是自己的努力程度不够，而非其他客观原因，减少他们嫉妒心理的产生。

2. 让青少年明白嫉妒心理产生的过程及危害。告诉青少年嫉妒心理的产生一般由三个阶段：攀比到失望的压力感、羞愧到屈辱的挫折感、不服到怨恨的发泄行为。嫉妒心理不仅会对身体健康造成危害，造成器官功能紊乱，免疫机能失调，还会影响心理健康，导致为人处世存在偏见，严重阻碍学业与人际关系的发展。

3. 实事求是地认识自己与评价别人。要教育青少年懂得每个人都有优点，不仅要善于寻找自己的优势，而且还要发现别人的闪光点，见贤思齐，取人之长补己之短，在学习和生活中树立比、学、赶、帮、超的良好风气。

4. 营造和谐温暖的生活环境。在学校生活中，老师要注重培养学生的集体意识与合作精神，倡导同学之间相互关心、互帮互助、团结合作、共同进步。在家庭生活中，家长要注重营造和谐温暖的气氛，以身作则，与孩子形成良好的互动模式，赏识孩子的努力，这样才能有利于孩子做到见贤思齐，有效地预防嫉妒心理的产生。

5. 培养兴趣与爱好。青少年精力旺盛，教育者要引导他们把部分精力用在发展兴趣爱好上，使他们从中发现自己的价值并努力去实现，这样才会让他们无暇嫉妒别人。

6. 学习提升。家长和老师要注重提升自己的知识水平，尤其要学习心理学常识。一旦发现孩子产生嫉妒念头或现象，及时对症下药，或者寻求专业人士帮忙解开孩子的心结，把消极影响转化为积极因素，把前进路上的绊脚石变成垫脚石，使孩子的个性得以发展、人生的格局得以提升。

03　自卑心理

案例故事 ➡

某知名中学的初三男生小国（化名），15 岁，学习成绩较好，性格内向，害怕面对新环境和陌生人，不善言谈而且说话声音很小，几乎没有好朋友，和父母关系冷淡。由于他不想上学了，所以爸妈带他来咨询。

{ 心理问题分析与疏导 }

小国在咨询室里一直低着头，眼睛盯着地面上的某个点一动也不动。

和小国开始单独交流时，为了缓和气氛，我接了一杯水放在小国的身边，小国拘谨地躲了一下身体。我笑着说："你喝点儿水吧，你的嘴唇都干裂了。"

小国有些害羞地看了我一眼，脸红了，紧接着又低下了头。我慢慢地把水杯放在他的手上，他流泪了。

咨询室里静悄悄的。过了一会儿，小国开始喝水，他真的是渴极了，一口气喝完了一杯水。我又给他接满一杯水，放在他手上。小国又流泪了，而且逐渐哭出声来。

小国的呼吸逐渐均匀后，我问他："你是否心里有不少委屈？"

小国边哭边说："我觉得我是个废物。"

"废物？你有这个想法多久了？"

"好久了。学习对我来说，并没有多么难，难的是我怎样才能活成我爸妈要求的样子？"

"你爸妈要求的样子？你能说给我听听吗？"

"我在小学时就十分听爸妈的话，认真学习，成绩从班级第五逐步提升到班级第一。然而考到班级第一后，爸妈又说班级第一不算什么，考到级部第一那才算本事。我继续努力，终于考到了级部第一，可爸妈又说这不算什么，要考上全市最好的初中才算本事。我又继续加油，结果我真考上了全市最好的初中。我想这次我爸妈该满意了吧，可是，我做梦也没想到，我爸妈说这只是万里长征的第一步，你能保证初中三年都拿到级部第一吗？"

停了一会儿，他又接着说："初一和初二我都保持着级部第一的好成绩，然而初三时，我们班转来一位学霸，级部第一名的位置有时会被她抢去。这在爸妈看来，是我努力不够导致的。可是我没有，我一直很努力，他们不理解我，还经常训斥我。"

小国喝了几口水，继续说："我放弃了所有的爱好，不参加学校组织的兴趣小组，全力以赴地按我爸妈的要求去做。我感觉自己是被爸妈编好程序的机器人。我为谁而活？……我快累死了，无能为力了，不学了……"

听着小国的哭诉，看着他满脸的忧伤，突然我的脑海中浮现出一个画面：在一棵枝杈丰满的小树上，爸妈正在乐此不疲地向树杈上挂一个又一个沉甸甸的荣誉奖杯，树杈被压得伤痕累累，可是父母竟然视而不见，只顾着欣赏树上的胜利果实。

我问他："你是否向你爸妈说过你的这些想法？"

"初一时说过。他们说我矫情，要求我像战场上拼杀的勇士一样勇往直前，那样才是男子汉。可是我已经竭尽全力了却还是拼不过学霸，这是我能力不行，这是我不够优秀。"

"于是，你采取了逃离的方法？"

小国点了一下头。

"那你打算一直这样待在家里吗？"

"我没想过，可是我十分害怕回到学校。现在我的学习效率特别低，大脑也变笨了，真学不动了。"

"嗯，这是你想要的最终结果吗？"

小国猛地坐直了身体，双手放在胸前，沉思了一会儿，喃喃自语起来："我的最终结果？我的最终结果？……我从没想过我想要的最终结果是什么？"

"现在，请你认真想一想。你可以根据你的兴趣爱好去想长大以后你从事什么工作，你喜欢过什么样的生活，等等。"

小国想了一刻钟，并没有回答。

我问他："你想好了吗？"

小国开始挠头，小声说："我不会想，平时各种事情都是爸妈给我安排好的，我不知道往哪儿想。"

"从你进咨询室到现在，我看到你满目忧郁、满腹委屈。请你再仔细想想，你的学习究竟是为谁而学？你是被动学习还是主动学习？"

"我为爸妈而学，我一直是被动地去学习。"

"假如有一匹千里马，用鞭子鞭挞着它快跑和它自愿地朝着自己的目标跑，这两种情况，哪种跑得快呢？"

"自愿地跑跑得快。这样，它在实现目标的整个过程中不仅内心没有恐惧，而且心里充满期待和快乐。"

我故意重复问道："哪种情况下，马既跑得快又不累，且满怀期待和快乐呢？"

"自觉自愿……自己有目标……开心不累，自觉自愿……自己有目标……开心不累……"小国又若有所悟地喃喃自语起来。

突然，他双手攥紧拳头，欲言又止。

过了一会儿，他慢慢说："我现在还是想不出我自己的目标。主要是怕把我的目标告诉爸妈后，又被他们训斥，还是不想了吧。"

我鼓励小国："你一定要想出来，不但要想出来，而且还要大声说出来。你要做一名学习力和思考力都很强的男子汉，现在，你就把它当成摆在你面前的一道数学难题，去攻克它吧！"

接下来，我让助理把小国领到另一间咨询室，引导小国去攻克他面临的难题：一方面，敢于大声说出自己的想法，学会与人交流；另一方面，激发出小国的心动力，为他自己的人生负责。

我把小国的父母叫到我的咨询室，给他们讲述了青春期孩子的心理特征，引导他们培养小国独立自主的生活能力，放开小国独立飞翔的翅膀，还给小国成长的空间，成为小国走向成功的忠诚的"啦啦队"。

｛咨询效果｝

本案例，对小国爸妈的辅导较容易，可是在疏通小国的情绪和训练他敢于表达、寻找自己理想目标的能力等方面，还是比较费力的。虽然第一次辅导后，小国就回到了学校，但是连续辅导了四次后小国才逐渐步入正轨。小国这棵变形了的幼苗，在他爸妈的配合下，越来越枝繁叶茂了。

现在的小国是一名高三学生，他正在为迎接高考自发自主地努力着，为考上理想大学而拼搏着。

抛砖引玉 ➡

为了让孩子取得更好的成绩，父母不但不肯定孩子已取得的成绩，反而不停地提出更高的要求，这样可能会使孩子产生自卑心理，导致其自我价值感低；同时，还会磨灭孩子战胜现实困难的勇气，导致孩子自我迷失，

甚至可能毁掉孩子的一生。

父母在养育孩子时要学会逐步放手，注重培养孩子自信、担当、独立自主地适应社会发展的能力。

心理科普 ➡

一、自卑心理的表现

1. 心理敏感。自卑感强的人非常希望得到别人的认可与重视，过分看重别人对自己的评价，哪怕有一点负面评价，都会导致他们剧烈的内心冲突，更有甚者会扭曲别人对自己的评价，把别人的真诚误认为讽刺挖苦。也许别人不经意的一句话，会在他们内心引起波澜，造成胡乱猜疑。

2. 心理失衡。自卑者，自我价值感较低，总认为自己不如别人好。他们在面对机会时，即便具有高人一等的能力，仍会退避三舍。长此以往，他们就会在社会生活中处于劣势地位，看不到自己的价值所在，甚至会遭到他人的厌弃。这样会使他们的心理处于失衡状态，陷入不良的心理体验中，既走不出内心的阴霾，又难以摆脱现实的困境。

3. 情绪化明显。自卑者表面上好像逆来顺受，实际上他们的忍耐是有限度的。当过分压抑的情绪积聚到一定程度时，一旦他们缺少调控自己心态的能力，情绪的副作用随时触发，脾气暴躁，伤人又伤己。

4. 难以集中注意力。自卑者动手能力、学习能力较差，参与意识较弱，缺乏激情，在学习或做事情时难以集中注意力，或只能短时间集中注意力。

5. 语言表达能力弱。自卑者会出现表达不流畅、表达缺乏感情或表达词汇贫乏等情况。这是因为他们不擅于交流，进而影响表达的词汇量和语言的信息量。

6. 追求好评。自卑者为了赢得别人的好感，获得内心平衡与安宁，会过分追求家长、老师和同伴的表扬。他们甚至不惜采取撒谎、弄虚作假、考试作弊、穿奇装异服等方式博得别人的好评。

二、帮助青少年克服自卑心理的方法

1. 以退为进法。当青少年认为自己不如别人，不能胜任某事时，教育者切莫立即强制青少年去做，而要因势利导，从易入手。待其有了成功的心理体验，要及时升华这种情感，给他们播下自信的种子。青少年多次获得成功的心理体验后，自信心便会得到强化。

2. 外化分离法。当青少年自卑、困惑、深陷苦恼、孤立无援时，教育者首先要体谅、理解其苦恼心境；其次，适时引导，让他们把困惑一一诉说或者列举出来；再次，把这些困惑和他本人分离开来，让他们明白暂时解决不了这些困惑不代表他们是"低能儿"，一旦把所需的能力掌握了，问题也就迎刃而解了；最后，引导他们看清困惑是暂时的，一切都是发展变化的，从而助其跳出无助的困境，提升他们的心理能量。

3. 团体互助法。借助团体的力量帮助自卑者走出来。第一，请教专业心理教育人士，针对自卑者自身的实际弱点，系统制定一个训练计划，并监督其执行；第二，把有同样经历的人组织成一个支持性团体；第三，由专业心理教育人士对该团体的每个人进行相关辅导。

总之，在专业人士的监督和指导下，按照制定好的计划组织实施，创造适当的机会，通过实际活动训练，锻炼交往能力；通过同伴间的相互慰藉，共同探讨，调整好失衡的心态，消除自卑感。

04 自负心理

初三女生悦悦（化名），自幼喜欢唱歌和画画，学习成绩一直名列前茅，钢琴已考过十级。在学校里，她是个受欢迎的学生；在家里，爸爸妈妈把她视为掌上明珠，宠爱有加。她最近让爸妈给她办理去日本留学的手续，爸妈没答应，她就不去上学了，甚至以死相逼。

{问题分析与疏导}

悦悦一走进我的咨询室，就把她爸妈挡在门外，并锁上咨询室的门，然后在我耳边小声说："老师，请您帮我实现一个愿望，我会十分感激您的。"

"奥，这是你来咨询的目的，对吗？"

"我爸妈说您很厉害，能去除我心头的烦恼，因此……"

"哦，明白了。那请你详细说说烦恼的由来，好吗？"

"我以前生活得还算是比较开心。在家，爸妈比较疼爱我；在学校，老师比较喜欢我。自从进入初二后，我隐约觉察到同学们嫉妒并逐渐孤立我，这我可以忍受。可让我受不了的是，初三一开学，我们班重选班长，竟然是嫉贤妒能的小人得志，班主任也不能知人善任，结果我以九票之差落选。真是岂有此理！"

悦悦泪光闪烁。我一边给悦悦递纸巾，一边说："看来你是对他们嫉贤妒能，老师不能知人善任之举极为愤慨。关于他们嫉贤妒能的事，你能具体谈谈吗？"

"第一，教师节时，校长安排我组织十名女同学在颁奖仪式上给获奖老师献花，我很快选好人员并进行彩排。当我宣布统一穿白色同图案的长筒袜时，有同学反对，我强制她们服从，她们才不得不配合。第二，元旦联欢会编排节目时，我主张有文艺特长的同学多上节目。他们却故意唱反调，凡是报名的一律上，置联欢会的质量于不顾。虽然他们最后还是按照我的要求去做的，但我明显感觉他们不服气。第三……"

悦悦的表达能力很强，我趁机打断了她，问道："对他们反对你、唱反调等行为，你除了感到愤怒，命令他们按你的要求执行外，有没有静下心来思考过他们想法的合理性呢？"

"思考过，他们的想法很低俗，他们不懂艺术，几乎没有参加过专业培训……听他们说话简直是在浪费时间，和他们解释，他们也听不懂。"

"看起来，你在艺术方面确实比他们专业多了。假如同学们都听你的，你现在的处境会怎样？"

"反对我的会减少，可我不屑于……"

"于是，你采用了逃避的方式？"

"逃避？我……"

此时，悦悦的心好像是烧红的铁块突然被泼上一盆凉水，"滋滋"地泛起股股白烟，弥漫到了空中。悦悦像被点了穴一样，僵坐在沙发上一动不动，咨询室里只能听见我俩的喘气声。就这样过去了五分钟左右，我打破了平静。

"悦悦，你这次突然休学回家，逼着爸妈给你办去日本留学的手续，是你计划已久的事，还是临时决定以寻找一个心理风暴的避风港？"

当我说出这句话时，悦悦像触电一般坐直了身体，猛吸一口气，张大嘴巴，久久地看着我，没有说话。

我接着说："悦悦，如果这次你顺利当选班长，还会发生现在的情况吗？"

悦悦低下了头，没有说话。

"逃避，绝不是你的最佳选择。金无足赤，人无完人。人世间，无论能力多强的人都有短板，关键是选择什么样的面对方式。只有面对难题，接纳它、研究它、战胜它，人才会越来越优秀，才能让更多的人佩服。"

"可是，我现在还是感觉无法回到学校。"悦悦低头喃喃地说。

"刚才你说这句话时，你脑中想到了什么？"我趁机问。

"别人是班长，这是我上学以来从没有过的……"

"你是感到面子上过不去，还是感觉与他们不好相处，还是……"

"都有，实在是面子上……"

我故意转移了话题，问悦悦："你的理想是什么？"

"我想当教育系统领导，如校长、局长、厅长，等等。"

"那太好了，咱们现在来个'时光穿梭'。假如十年后，你从理想大学毕业了，当了一名中学老师，当了数年老师后，很顺利地荣升为该中学的校长。现在请你畅想一下，你该如何带领这所学校发展？"

悦悦很认真地想了想，说："调动全校老师的积极性，抓好教学质量，把本校打造成艺术特色名校。对每位老师进行目标考核，让班主任搞班级特色……"

悦悦说得很兴奋，我又打断她："在某个班里，有个很有才艺的学生，老师、家长都对她宠爱有加，校长也很喜欢她。可是，她处理问题时，总自以为是，不尊重别人的意见，甚至一意孤行。同学们跟她在一起，总感觉很压抑。天长日久，她的人际关系变得糟糕。经常有同学告状到班主任那里，班主任提醒她时，她不是说这个同学太笨，就是说那个同学不懂。总之，在她眼里，她看不到别人的长处。班主任也感到很无奈。

假如这位班主任向你请教，你该怎样帮这位班主任呢？"

悦悦把身体往沙发上靠了靠，把一只手放在沙发扶手上，托住下巴，闭上眼睛沉思了一会儿，有些羞涩地说："校长要从有利于全校发展的思路出发，指导班主任以有利于全班良性发展为原则，对该特长生继续引导。既不能让班级大多数同学孤立她，又不能任其发展下去，这对该生的发展十分不利呀。"

我微笑地看着悦悦，她也微笑地看着我。我突然问她："请你给这位同学开个有利于她发展的'药方'吧。"

悦悦不好意思地低下了头，说："老师，经您分析，我突然明白了，我是一个一意孤行、唯我独尊的人，从没有在意过别人的感受，难怪同学们逐渐远离我了呢。您这么一点拨，我如梦方醒，慢慢地转过弯来了。我的问题症结不在他人，而在我的认知。"

听悦悦这么一说，我真为她有这么高的悟性而感到欣喜。我趁机问悦悦："那现在你是打算去日本留学，还是继续待在家里？"

悦悦羞愧地说："我明天就回学校。我要换位思考，多听听别人的意见，'三人行，必有我师焉'，我会调节好自己的。谢谢您，张老师！"

{ 咨询效果 }

悦悦是个悟性很高的孩子，所以对悦悦的辅导只进行了一次。第二天，她妈妈来电说悦悦已经回学校了。中考结束后，悦悦打来电话报喜，说她已经考上了省重点高中。

抛砖引玉 ▶

对待学习成绩好的孩子，家长不能"一好遮百丑"，而是要"一好带百好"，这才是教育孩子的最佳策略。

家长或老师一般都特别在意孩子的学习成绩，往往忽略孩子良好心理品质的培养。这样可能导致孩子滋生不良个性，甚至阻碍孩子身心健康发展和心智潜能的发挥。

心理科普 ➡

一、中小学生产生自负心理的原因

中小学生自负心理的产生原因主要是自我评价过高，曾经得到别人的关注、认可过多。具体有以下几个方面：

1. 过度夸奖。大多数人都是通过他人的评价来认识自己的。如果中小学生从小在家得到父母表扬较多，在学校学习与表现较好，受到老师和同学的夸赞，再加上亲戚邻居一致的表扬，就可能会对别人的优点视而不见，产生自负心理。

2. 认识偏颇。自负者习惯于只看到自己的优点，忽视自己的不足，同时夸大自己的能力。评价别人时却正好相反。这就会导致自我优越感膨胀，缺乏自知之明。

3. 条件优越。有些学生由于家庭富裕、长相出众、成绩出色、有一技之长等，极易轻视别人，产生自负心理。

4. 自尊心补偿。有些自尊心比较强的学生，由于某些方面不如别人，怕被别人看不起，就故意表现出不在乎的样子，这恰是自尊心补偿的表现。

5. 缺少挫折磨炼。现在的生活条件都较富足，中小学生在成长过程中，几乎没遇到挫折与磨炼，导致他们感觉自己是无所不能的，进而产生自负心理。

二、帮助中小学生克服自负心理的方法

1. 拥有辩证思维。家长和老师在教育学生时，要注重教会他们以辩证思维评价人世间的人和事，这当然也包括评价自己。要学会取人之长补己之短，对待自己，既要看到自己的优点，增强信心和力量，又要看到自己的不足，以此为动力，发奋努力。

2. 超越自我。在日常生活中，教育者要抓住一切机会，及时引导学生要勇于超越自我。首先，要勇于承认自己的缺点，不管多么优秀的人，都存在不足之处。其次，知不足而后勇，变不足为动力，发愤图强，积极进取。

3. 闻过则喜。教育学生乐于接受别人的批评。当有人对自己提出批评时，不但要乐于接受，而且要发自真心地高兴。接受批评是根治自负心理的有效办法。

4. 平等相处。为了消除自负者唯我独尊、自以为是的思想，教育者不但要从理论上给予说服教育，而且要亲身示范。创造机会引导自负者用实际行动与人平等相处，真正融入集体之中，体会到友好相处带来的和谐人际关系之乐。

5. 换位思考。面对自负者，教育者要提供机会或创造条件让他们体验到不被别人尊重时，自己内心的痛苦感受；要及时因势利导，让他们学会换位思考，这样才可有效地改变自负者的心态。

6. 学会谦虚。教育者要引导自负者拥有谦卑之心，擅于发现别人的优点。"三人行，必有我师焉"，对别人的长处发自内心地赞赏。这样才有助于自负者克服无视别人优点的思想行为问题。

第九章

心理应激与心理危机

近年来，中小学生自残、自杀等心理危机事件增多，引起了全社会的高度关注。心理危机事件的发生，既与中小学生对各种应激事件的认知与评价、所采取的应对方式有关，也与社会、家庭、学校等缺少对中小学生的抗挫折教育、对应激事件的重视程度不够有关，还与心理危机干预措施的实施是否及时、正确有很大关系。

现在的中小学生大多数是在长辈们精心的呵护下、在比较优越的环境中长大的。他们的生活经验少，心理承受能力差。如果他们在日常学习与生活中，遭遇突发性或灾难性的事件，他们会因不能抵挡破坏力或难以适应其困境而造成心理失衡。同时，又因为他们无法依靠自身的能力在短时间内恢复常态，这将会引发他们产生一系列消极的情绪和行为问题，导致他们心理失去平衡，对学校生活厌倦，对社会环境产生恐惧等。一旦他们不能得到及时有效的帮助，便会发生自残、自杀等心理危机事件。

01　心理应激反应

案例故事 ▶

初一男生柏林（化名），13岁，学习成绩较好，性格内向，胆小怕事，与同学关系一般。近段时间柏林支气管哮喘频繁发作，已经休学一个学期了。

{ 问题分析与疏导 }

柏林三岁前，跟着妈妈和奶奶在农村生活。上幼儿园时，妈妈带着他来到爸爸打工的城市，一家三口总算过上了团圆的日子。

柏林在上幼儿园大班时曾患过哮喘，一个多月后才好转。小学六年级时，期中和期末考试的前几天他的哮喘就会复发，但考试结束后即便不吃药哮喘也会消失。

初一开学的第一周，柏林的哮喘病又复发了，而且几乎每周都会复发。因此，他只好休学在家调养，同时医生建议他进行心理辅导。

初见柏林，白净帅气，高高的个子，大眼睛，长睫毛，非常可爱，但是他的眼神中透露出恐惧和不安，他看我一眼后，不好意思地低下了头，双手夹在两腿间拘谨地相互揉搓着。

我问柏林："请你回忆一下在每次发病前，是否有什么事情发生？"

柏林很配合地努力回忆着，时不时地看看我，又看看他的爸妈，但最后却低下了头，沉默不语。

我安排柏林的爸妈到接待室休息后，我告诉他："请你从记的最早的一次哮喘病发作想起，想起来后就告诉我。"

过了好一会儿，柏林告诉我："在幼儿园大班时，我看到两个小朋友打架，帅帅把龙龙推倒了，用脚狠狠地踢他的屁股，我当时吓得嗷嗷大哭，昏倒在地，之后就被老师送到医院了。"

"嗯，你后来怎么样了？"

"从那以后，每当我看到打架的场景就气喘、胸闷、咳嗽、呼吸困难等。尤其是晚上，那可怕的场景会在我的脑中闪现，每呈现一次我就会感到呼吸困难。"柏林的身体在颤抖，脸憋得通红。

我立刻给他做放松训练。在我的引导下，大约一刻钟后，柏林的呼吸才渐渐恢复平静，避免了哮喘的再次复发。

待柏林的状态好转后，我又试探性地和他交流。

"那时你几岁？"

"我在大班，大约五岁吧。"

"你今年几岁啦？"

"十三岁。"

"从五岁到十三岁，你已经长大了，对吗？"

"是呀！"

"长大了，不只是年龄的增长，更重要的是力量、能力、智慧等都得到了提升。那时你办不到的事，现在好多事情都能办到；那时你害怕的事情，现在不一定都害怕。当你产生害怕心理时，及时暗示自己：我已经长大了，我的力量、能力和智慧等都提升了！我是13岁的男子汉了，没什么大不了的！"

紧接着，我又让柏林回忆幼儿园"帅帅打龙龙"的场面，并让他攥紧双拳，举过头顶，跟着我一起大声喊："现在我已经长大了，我的力量、能力和智慧等都提升了，我不怕小时候发生的事情了！"。

我们一起喊完后，我趁机问柏林："你现在感到害怕还是浑身充满了力量？"

柏林回答："我感觉浑身充满了力量！"

我告诉他："这叫作积极心理暗示。以后，你遇到或者想到令你恐惧的场景时，可以大声喊出来，也可以心里默念以上内容。"

我趁机又问柏林："当你害怕时，除了这个场景外，脑子里是否还有其他场景闪现？"

"我常常想起爸爸把妈妈打得鼻青脸肿，妈妈蜷缩在房子的角落里痛哭的场景。每当我想起这个场景就有窒息感。在梦中也无数次出现这样的画面。"

我看到柏林说这些话时虽然有些紧张与恐惧，但拳头未攥紧、身体未发抖。我夸赞他的进步，并让他再说三遍积极自我暗示的内容，然后问他："你现在有什么感觉？"

柏林回答："我觉得心跳慢了，浑身有劲，恐惧减轻了许多。"

第一次的辅导，重点是对柏林当前状态进行全面诊断，但是由于柏林的症状较重，为了避免柏林哮喘复发，只好做到这里。

第二天，柏林妈妈打来电话说，柏林变得精神多了，还让他爸爸教他打拳。

根治柏林的症状，需要他爸妈的积极配合。因为柏林哮喘久治不愈的原因，除了他胆小、内向的个性与环境适应不良外，还与他年幼时多次目睹爸爸暴打妈妈的场景从而产生恐惧有关。柏林三岁时第一次目睹爸爸暴打妈妈的场景，足以导致他产生心理应激障碍。这种焦虑与恐惧的不良情绪经过多次强化后，导致柏林一遇到或者一想到令他恐惧的场景，就会产生呼吸急促、心跳急剧加速的症状，久而久之，柏林的身心疾病就产生了。

因此，我告诫柏林的爸妈，为了孩子的健康，以后不要在孩子面前发生肢体冲突。柏林的爸妈双双点头答应。

我用心理咨询技术把柏林心理应激障碍消除掉，使其心理创伤修复，然后又对他进行认知调整和勇敢、坚强、临危不惧、知难而进的个性技术化优化，为柏林筑起一道防止哮喘复发的防护墙。

{ 咨询效果 }

对柏林的辅导，第一周安排了三次，第二周安排了两次，之后每周一次，共辅导了九次。柏林可以正常回校上课了。

更让家长欣慰的是，柏林回校后，不但哮喘没有复发，而且像变了一个人似的，比以前爱说话了，说话声音也大了许多，也逐渐开朗起来，真的越来越像个勇士了。

抛砖引玉 ➡

家长在对孩子进行家庭心理教育时，要了解孩子的个性特点，不仅注重对其优势个性的培养，还要注重对其进行心理防护，尤其是胆小、内向的孩子。家长在日常家庭心理教育中，可以用讲故事、做游戏、做运动等方式，有意识地培养孩子勇敢、坚强、乐观、豁达的个性，以及自我调节情绪、积极营造轻松环境的能力。

当家长发现孩子出现身心疾病时，要采取身心兼顾的治疗原则。对于由心理因素诱发的身心疾病，治疗时还需从对孩子进行心理疏导和提升孩子的情绪调控能力入手。

心理科普 ➡

一、心理应激反应及其类型

心理应激反应是指个体在受到各种内外环境因素刺激时所引起的心理

反应状态。

心理应激反应分为两类，一类是适应性心理应激反应，也叫积极心理应激反应；一类是不适应性心理应激反应，也叫消极心理应激反应。

当客观要求和应付能力平衡时，会产生适度的适应性心理应激反应，它对维持人体健康是有利的，可使注意力集中、记忆力增强、思维灵活、行为敏捷，有利于调动身体潜能的发挥。

当客观要求和应付能力不平衡时，会产生不适应性心理应激反应，它会使人警觉性提高，对刺激敏感，导致注意力分散、灵活性差、思维杂乱、情绪过分激动或低落，甚至产生应激相关障碍。

二、预防中小学生心理应激障碍产生的策略

预防中小学生心理应激障碍的产生，应以家庭和学校为主战场，运用心理学、教育学、生物学等知识，借助专业的力量提升家长与老师的心理教育素养和能力，向学生普及科学的心理知识等。

（一）家庭教育方面

家庭是孩子成长的摇篮，也是孩子健康成长的避风港。因此，家长要给孩子营造一个健康、积极向上的生长空间，要时刻注意自己的言行对孩子产生的影响。

（二）学校教育方面

学校是培养人才的摇篮，是教师有计划、有组织地对学生进行系统的教育活动的组织机构。学生在学校接受教育时，教师要给学生适时上好心理健康教育课，也要密切关注学生的心理动态。学校应设立心理应激障碍网络化体系管理机制，从学校负责人到任课教师，再到学生心理联络员，这样一旦发现学生心理出现异常就能及时采取合理措施。

生活中出现心理应激事件是难以避免的，适度的心理应激能够提高学生的生存能力和生活质量，但过度的心理应激不仅会消耗学生的精力，也会改变他们的认知，甚至导致他们产生各种身心疾病。因此，我们要多方面共同防护，时刻关注中小学生的心理变化，及时给予他们支持和帮助，这样才能有效预防他们产生心理应激障碍。

02　自杀未遂

案例故事 ➡

初中一年级女生暖暖（化名），13岁半，学习成绩较好，但不爱劳动，尤其讨厌在校值日。她因为值日的事情产生了学习心理障碍，学习成绩下降，甚至有自杀倾向。

{问题分析与疏导}

暖暖妈妈哭着告诉我："暖暖从小爱学习，能够自觉、独立、按时、认真完成作业；她喜欢读书，除了能把学校要求的必读书目读完，还常常到图书馆借阅其他书籍。由于我们平时工作较忙，她的日常生活都由她奶奶精心照顾。昨天上午九点，她的班主任给我打电话，说暖暖未到校。她奶奶发现家里的187元零花钱不见了。今天上午十一点，我们全家人终于在一家宾馆里找到了她，并发现她书包里有大量的安眠药……"

初见暖暖，她脸上愁云密布。在她妈妈哭诉的过程中，她几次抬起了头，但欲言又止。我让暖暖的爸妈、小姨先到休息室去休息。

等暖暖的家人走出咨询室后，暖暖先是目不转睛地看着我，接着轻轻地往下拉了拉自己的衣襟，环顾了一下四周，最后又将目光转向了我。暖暖深深地吸了两口气，但依旧是欲言又止。

我静静地看着暖暖。只见她身体前倾，紧攥的双手慢慢松开并缓缓地放在膝盖上，身体也慢慢坐直了。一会儿，她用质问的语气问我："老师，请您实话告诉我，我喜欢学习有错吗？"

我用关切的眼神注视着她，缓慢而平静地说："喜欢学习是积极向上的表现，你把它与'有错'联系在一起，我感到有些好奇，你能具体给我讲讲吗？"

暖暖觉得找到了同盟军，身体一下子前倾了许多，开始给我诉说："我从小就喜欢上学，一坐在教室里听课、写作业，就感到浑身舒服，还喜欢看课外书。一看起书来，我能达到废寝忘食的地步。尤其是一天的课结束后，我会静下心来在教室里看书，真是太享受了。可是，我们班每天下午放学后都会安排打扫卫生。上初中后，不仅要扫地，还要为迎接'创优'而擦玻璃等，这实在是浪费时间。于是，我便让值日生最后打扫我的座位，结果有的值日生对我大喊大叫，还有的直接不打扫我的座位。在小学时都是奶奶到学校帮我打扫卫生的，上初中后学校不让我奶奶进校打扫。轮到我值日时，我不是忘记打扫卫生，就是打扫得不干净，经常给班级扣分。一旦班级因我被扣分，我就会遭到组长、班长、班主任轮番训斥。他们不仅破坏了我良好的学习心境，而且浪费了我美好的学习时间。因而，我根本无法静心在校学习、学习效率大幅度下降、学习成绩急剧下降，我的一切美好的愿望都将化成泡影，那我活着还有什么意义，不如吃安眠药死了算了……"

暖暖边说边流泪，最后泣不成声了。

大约过去了十分钟，暖暖慢慢地睁开了双眼，我问她："你这么喜欢学习，当你进入学习状态时，对你来说那是一种什么感受？"

"当我进入专心学习状态时，那种由不知到知、由知之甚少到知之甚多的愉悦心理状态，会使我浑身充满自信与力量，那真是一种绝美的享受！"

"多么美好的心理体验，谁都想拥有！"

"可是，这种由学习带来的美妙的心理体验已经离我而去，一去不复返了。"暖暖又情不自禁地流下了眼泪。

"你想找回这种美妙的心理体验吗？"

暖暖一下子挺直了上身，坐得笔直，迫不及待地说："我想，我想，我百分之二百地想啊，老师赶快帮帮我吧。"

第二次咨询时，暖暖在约定时间前半个小时就来到了我的咨询室。这天早上，暖暖早早起床，催促她妈妈快点做饭，提醒她妈妈千万不要迟到了。

这次，我见到的是一个眼睛发亮、充满期待的暖暖。一看见我，她就大声向我问好，离预约时间还有十分钟左右，她就催我开始辅导。

我故意问暖暖："你想解决的问题是什么？"

"当我想到打扫卫生时不生气，想学习时能学进去，能找回以前美妙的学习状态。"

"那咱们先从第一个问题开始吧。"

我和暖暖进行了深度的思想交流后，引导她进行了一次生命的穿越。

我首先启发她，一步一步完成如下"情感组织者"内容："我通过坚持不懈的努力，终于考上了自己梦寐以求的大学。五年后，高中母校举办了一次表彰大会，我被校领导邀请作为主讲嘉宾坐在主席台上，受到全校师生的热烈欢迎。第一，我给母校德智体美劳全面发展的全优生颁奖，并与他们合影留念；第二，我给全校学生做了题为'如何做一名德智体美劳全面发展的全优生'的报告。该报告主要内容是讲述自己由只重视学习成绩，轻视、厌恶、逃避学校正常的体育活动和劳动，到认识到这种行为的危害性后，自己是如何改变错误认知、克服困难、迎难而上，成为一名德智体美劳全面发展的全优生的。第三，赢得了学弟学妹们雷鸣般的掌声，我陶醉在热烈的、不绝于耳的掌声中……此时，眼前仿佛出现了在初一下学期，由于自己忘记值日而被扣分，受到了组长、班长、班主任的批评以及许多同学的嘲讽而离家出走的一幕，觉得自己太幼稚了、太冲动了、太需要调整心态了。于是开始做放松动作，并进行积极的心理暗示：我是不怕困难的勇士，坚信自己能克服暂时的困难。于是，我渐渐地浑身充满了信心与力量……雷鸣般的掌声打断了我的回忆，我自豪地从主席台上站了起来，这时掌声更加热烈了，我在全校师生羡慕的目光中走下了主席台。"

我接着让暖暖去想"打扫卫生"的事，并让她说出自己的感受。她说："我情绪平复了，我突然明白：人的成长离不开劳动、体育活动等，就如同人走路需要两条腿一样！"

我用专业的心理技术，把以上暖暖自己整理好的内容，输入她的大脑，并进行了多次巩固强化。

最后，我给她布置了以下作业：一是查阅 3 位以上自己佩服的人物的成长故事；二是写出榜样人物的个性特质和自己的心得体会；三是在家打扫卫生，做些力所能及的家务。

第三次辅导，重点解决她如何才能学进去、如何才能找回高效的学习状态的问题。开始时，我知道暖暖是个喜欢读书的孩子，就让她给我讲了一下"望梅止渴"这个典故。

暖暖饶有兴致地讲完后，我问她："望梅止渴这个典故，说明了什么？"

"曹操聪明有智慧，他在遇到困难时，想办法战胜困难，最终取得了成功。"

"你说得很好。其实曹操是在没有水源、士兵口渴难耐的紧要关头，告诉士兵前面有梅林，是他应用了条件反射的原理，使士兵想起梅子酸甜的味道，不由得流出口水而止住了渴，解了燃眉之急。"

"是呀，曹操智勇双全啊，他是我学习的好榜样。"

我趁机说："你现在也可以借鉴曹操的智慧以及他应用的原理来解决你的燃眉之急呀！"

"曹操的智慧？他应用的原理？……"

暖暖反复地说了好几遍，突然，她站了起来，然后喃喃自语道："积极的心理暗示、条件反射原理……积极的心理暗示我能明白，应用条件反射原理需要张老师给予指导。"

我看到暖暖渴望解决自己问题的迫切心情，高兴地告诉她："第一，积极心理暗示是在遇到困难与压力时，暗示自己困难并不可怕，相信自己能战胜困难，并且想尽一切办法积极克服困难；第二，当自己想做却做不到，想控制却控制不了时，先提醒自己这是消极的单向思维在作怪，然后静下心来想自己以前愉快的或成功的事情，使自己的情绪愉悦起来，继续做当下正在做的事情。"

我根据积极心理暗示和条件反射原理，用积极的情绪代替她消极的情绪，使她找回高效、愉悦的学习状态。

第四次辅导，重点是对第三次辅导效果的巩固与强化。

第五、六次辅导，重点是对暖暖回到学校后出现的各种适应不良情况的调整与良好效果的巩固。

第七次辅导，重点是防复发能力的培养。

在最后一次辅导结束时，暖暖写了一首诗，送给了我：

赠恩师张馨老师

好学生学习好，考试成绩很重要；

只顾学习提高分，忽略德智体美劳；

就像走路两条腿，少了哪条走不好；

幸遇恩人张老师，悬崖勒马归正道；

全面发展是铁律，美好理想实现了。

{咨询效果}

暖暖咨询完，回到学校正常上课了，她的精神状态逐渐回归正常，不但消除了厌世轻生的念头，而且坚定了远大的理想信念。

一个学期以后，暖暖为了更好地锻炼自己，积极参加了班干部竞选，如愿以偿地当选班级的劳动委员。

现在的暖暖，已经是某 985 院校的大学二年级学生，并且担任了学生部部长。

抛砖引玉 ▶

本案例体现了两个教育问题：其一，家长对孩子的过分照顾，如同在孩子成长与成才的道路上埋下了地雷，忽视了对孩子独立生存能力的培养；其二，在家庭教育中，有些家长存在仅重视智育的教育思想，结果把孩子培养成了高分低能的社会"残疾人"。

心理科普 ▶

一、预防中小学生发生自杀行为的策略

学校和家庭应该根据可能引起中小学生自杀的因素，采取相应的措施预防中小学生自杀行为的发生。

（一）学校方面

1. 做好心理健康教育工作。通过讲座、心理热线、宣传栏等对学生进行心理健康科普教育，使他们掌握自我心理调节方法，提高心理健康水平。

2. 提高学生抗挫折能力。加强抗挫折教育，提高学生心理应激能力，是预防中小学生自杀行为发生的有效举措。一方面，学校通过开展各种形式的心理健康教育活动，使学生掌握调控情绪的方法，以解决各种心理冲突、缓解各种压力等；另一方面，创造机会锻炼他们的意志力，从而提高他们的抗挫折能力。

3. 加强生命教育。中小学生正处在人生观、价值观形成关键期，他们对人生与生命的看法往往比较肤浅，有的甚至不懂得珍惜生命，一遇到烦恼和挫折，较易产生结束生命的念头等。老师可以把生命教育与学科教学结合起来，教育学生珍爱与敬畏生命，培养他们积极的人生观和价值观，正确理解生命的意义与价值。

4. 建立自杀预警机制。中小学生自杀倾向一般从三个方面表现出来：一是语言，有自杀意念的学生，往往会间接表达出自己的想法；二是生理表现，有持续的情绪抑郁表现，体重减轻或失眠，吃饭较少，总显得很疲倦等；三是行为表现，自杀意念较强的学生行为方面会出现反常，如阅读有关死亡的书籍、讨论有关死亡的话题等。这些不仅是他们想结束生命的早期表现，也是他们向周围释放的求救信号，一旦发现这些预警信号，就立刻对他们高度关注与跟踪，并对他们采取相应的干预措施。

5. 筛选高危人群。学校对学生进行心理危机筛查，建立心理档案。对谈论过死亡、考虑过自杀、流露出死亡念头的学生；对性格偏执、过于内向、无兴趣爱好、情绪不稳定、适应不良、留守的学生；对特殊家庭的学生，如家庭经济困难、家庭破裂、生活环境恶劣、被父母粗暴打骂的学生，遭遇重要亲人突然离世、身患重大疾病的学生，都要重点关注。

6. 完善危机干预网络体系。学校成立"学生心理观察员—班主任—级部心理安全负责人—校级心理安全分管校长—学校成立或委托的心理危机干预专家组"危机干预网络体系，学校做好各级安全员的有关培训工作，使他们掌握基本的心理危机评估和心理危机干预必备知识、技能等。

（二）家庭方面

1. 优化家庭教养方式。民主型家庭教养方式，有利于孩子的心理健康和成长。家长要注重学习，提高自身素养，学习相关的心理和教育科学知识，掌握一些基本的心理危机急救方法与技巧，能够发现和辨别孩子心理危机的征兆，提前预防危机事件的发生，为他们的健康成长助一臂之力。

2. 提升应激能力。中小学生缺乏社会经验，情绪极不稳定，自控力较差，这就需要家长在日常生活中，通过言传身教来提升他们处理应激事件的能力。如家长遇事不发牢骚、不指责、不自责，而是冷静分析、沉着应对，同时争取社会的支持与帮助等。总之，家长要以身作则，有意识地培养与训练孩子正确的处事方式，提升他们处理应激事件的能力。

3. 用"心"陪伴。第一，要听其心：家长要静下心来，耐心倾听孩子的心声，无论孩子说得多么荒谬都不要急于反驳；第二，要观其行：家长要细心观察孩子的行为表现，如果孩子没有出现影响生命安全的举动，家长要在尊重孩子的前提下，慢慢地参与孩子的行为互动，分散或转移孩子的注意力，以不引起孩子的反感为原则；如果孩子出现了影响生命安全的举动，家长在及时制止其危险行为的同时，一方面要 24 小时对其轮流陪护，一方面要及时向有关心理干预专家或有关专业机构求助，进行有效干预，以生命安全至上为原则。家长切忌激惹孩子的情绪，或者讲一堆大道理。

4. 心灵抚慰。孩子遇到学业失败、情感挫折、人际困惑、身体疾病、意外伤害等应激事件时，家长要随时注意他们的心理变化与行为，要耐心陪伴他们渡过难关。根据孩子的个性特点和所处年龄段心理发展规律进行心灵抚慰。耐心倾听他们的诉说，不评判、不指责、不训导；多关心他们的生活起居。如果发现他们无好转或举动异常，要立刻向专业人员求助。

5. 缓解学业压力。当孩子遇到学业压力时，家长要引导他们学会自主解决困难，给予他们鼓励与支持，培养他们持之以恒、坚持不懈、愈挫愈勇的良好品格。

参考文献

【1】金洪源，王云峰，魏晓旭.元认知心理干预技术——神经症、学习障碍与个性困扰的高效解决.沈阳：辽宁科学技术出版社，2013.

【2】金洪源.学科学习困难的诊断与辅导.上海：上海教育出版社，2004.

【3】王玲.高中生常见心理问题及疏导（第二版）.广州：暨南大学出版社，2013.

【4】陈筱洁.初中生常见心理问题及疏导（第二版）.广州：暨南大学出版社，2013.

【5】【美】马丁·塞利格曼，卡伦·莱维奇，莉萨·杰科克斯，等.教出乐观的孩子：让孩子受用一生的幸福经典.沈阳：万卷出版公司,2010.

【6】【美】简·尼尔森.正面管教.北京：京华出版社，2009.

【7】赵忠心.中国家庭教育观察——赵忠心访谈录.北京：学苑出版社，2013.

后记

凝聚二十多年一线心理健康教育工作的心血和经验，写出的《爱润花开》一书，即将与广大读者见面了，我内心甚是欢喜，满满的感动与感恩洋溢在心。

记得从上小学开始，我的作文经常被老师当作范文读，那时我就萌生出一个念头——长大要当一名作家。四十多年过去了，我却当了一名专职心理教育工作者。在新时代社会经济飞速发展的形势下，学生心理问题的发生也呈增长趋势。如何正确地对学生进行心理健康教育成了众多教育工作者和家长们亟须解决的问题。我作为一名心理教育工作者，作为济南心理健康教育研究会执行会长和山东省新时代青少年健康教育研究院院长，要勇于承担社会责任，充分发挥专业优势，积极为青少年的成长创造健康、有利的成长环境。

二十多年来，我除了进行心理健康教育与研究工作，还接待来自全国各地的来访者，一对一心理咨询个案累计两万多例，成功帮助因心理问题辍学的三千多名学生重返校园，挽救了一千多名严重心理危机者的生命。从 2014 年开始，我先后自筹资金开通了山东省首条 24 小时公益心理热线、学生心理公益专线，并担任心理热线的执行长与总督导，同时开展"心理健康教育大讲堂"五进（进学校、进社区、进乡村、进机关、进企事业单位）活动，开设心理健康教育微课堂，面向社会开通"张馨说心理"栏目，多次进行心理健康科普的网络直播等。

《爱润花开》一书是我根据未成年人身心发展的规律，遵循教育学、心理学、脑科学等学科原理，结合自身实战咨询的两万个案例，把中小学生经常出现的心理问题进行分类甄选，用讲故事的形式，把三十三个典型心理问题的诊断分析、解决过程与预防策略等编写出来，从而引导广大家长和教育工作者在对中小学生进行心理教育时，要用宽柔相济的心来影响孩子。"宽"即用宽广的胸怀、远大的格局，在尊重他们个性差异的基础上，悦纳学生的一切；"柔"即用阳光雨露般、润物细无声的爱，呵护、引领、影响他们身心健康成长，用"爱"滋润花儿开放，用"心"陪伴学生成长。希望每位家长和教育工作者在教育学生时都能做到让花儿以花的节奏开放，让草儿以草的姿态生长，让鸟儿以鸟的规律飞翔，让每个孩子都成为最好的自己。

《爱润花开》一书，把中小学生心理问题分成了九大类，但每大类所包含的心理问题较多，若全部写出，内容太多，为了便于读者阅读，本书只编写了部分心理问题的相关内容，以后有机会将把剩余部分内容整理出来与大家共勉。

在本书编写过程中，得到了济南市科学技术协会的大力支持，也得到了山东省教育厅、山东师范大学、山东省教育科学研究院等有关部门、有关单位领导和专家的关心、支持！感谢在百忙之中为本书作序的山东省教育科学研究院申培轩院长、山东心理学会高峰强理事长；感谢清华大学社会科学学院院长、中国积极心理学家彭凯平教授，辽宁师范大学应用心理学教授、元认知干预技术研发者金洪源教授，国内焦点解决短期心理咨询第一人、独创性地把森田疗法、内观疗法、焦点解决短期心理咨询、认知疗法以及 TA 沟通心理学结合起来并本土化的曲伟杰教授，国内唯一毕业于哈佛大学的心理学家、香港城市大学岳晓东教授等十几位心理学家对我的栽培、教诲与影响；感谢我的先生对我工作一如既往的支持；更感谢来访者对我的信任与配合，是他们在滋养与砥砺我奋进前行！

　　本书中所有案例故事，都是经过技术化保密处理后的呈现，故事的主人公均为化名，请勿对号入座。由于本人能力有限，本书稿内容难免有不当之处，敬请广大读者批评指正。

　　　　　　　　　　　　　　　　　　　　张馨 2021 年 6 月于泉城